A Quantitative Research on
Mutual Funds' Investment Ability

广州大学·青年博士学术文库

开放式基金投资能力
量化研究

刘 广◎著

社会科学文献出版社
SOCIAL SCIENCES ACADEMIC PRESS (CHINA)

摘　要

　　经过十几年的快速发展，机构投资者已成为我国资本市场的重要参与力量，以及居民财富配置的主要方式。对机构投资者的既有研究，大多着眼于其完善上市公司治理和稳定资本市场等方面。作为一种"集合投资、分散风险"的间接投资工具，机构投资者"专家理财"的核心功能亦应获重视。

　　已有研究表明，机构投资者依据市场波动而进行的择时交易并未能创造价值或提升投资能力。以全球对冲基金为例，在过去四年里，其表现几乎远逊于每一个主要的股票指数或债券指数。国内开放式基金的发展状况同样堪忧。统计显示，仅在 2008 年，基金行业的亏损就高达 1.5 万亿元，之前多年的辛苦积攒顷刻间损失殆尽。这导致广大基金投资者对整个行业的信心逐渐发生了动摇。自2008 年初市场走熊至今，偏股型基金的赎回份额几乎每个季度大于申购份额，行业发展整体表现极为疲软。既然投资者"珍藏的金元宝上长出了铜锈"，如何全面、准确、合理地识别和评价我国机构投资者的投资能力，进而挖掘影响投资能力的因素，寻求提升投资能力的措施，乃是资产份额持有人、资产管理人和监管层共同关注的焦点问题。

　　在既有研究的基础上，本书首先将投资能力与投资业绩在概念内涵和外延上做了严格区分，由此构建投资能力概念体系和研究框架。其次，首次引入一个非参数检验方法，对国内一组偏股型开放式基金的投资能力进行详细考察，发现我国开放式基金的投资能力总体表现并不显著，甚至有与市场走势相悖的情况。这可能是导致行业近期发展放缓的原因之一。最后，本书在资产配置分析框架下，分别从个股配置、行业配置和动态配置三个方面，初步提出了提升投资能力的途径。进一步的量化分析和实证检验表明，这些途径是有效的。

本书的研究建立在市场非完全有效的前提之上，综合使用多种量化分析方法，通过理论演绎和对大样本、长周期数据的分析，获得与预期较为一致的结论。本书的创新主要体现在两点。第一，在理论上，突破了传统研究重业绩轻能力的框架，从更深层次揭示开放式基金投资能力对行业发展的影响。相关成果既是对积极资产管理理论的有益补充，亦是完善经典投资理论的有益尝试。第二，在方法上，首次引入评价投资能力的 PCM 方法。该方法建立在对投资组合信息充分挖掘的基础上，与既有的参数评价方法相比，不仅能避免比较基准选择问题，而且可规避数据生存偏差问题。

本书的实践意义在于，既可为机构投资者提供可供操作的现实指引，亦可为居民财富配置提供必要的选择依据，还可为监管层制定合适的政策提供必要的决策参考。

Contents

目录

第一章 | 导　论

本章首先介绍本书研究的现实和理论背景，据此提出本书研究的问题及研究意义；其次对本书用到的相关概念进行界定，给出本书的研究内容、方法和结构；最后对本书的主要创新点进行提炼。

第一节　研究背景

一　现实背景

改革开放 30 多年来，我国经济实现了持续高速发展，GDP 总量不断攀升，现已跃居世界第二位。[①] 与此同时，居民财富总量和人均可支配收入不断增加，总体已迈入"上中等收入"国家行列。[②]"钱袋子"鼓起来之后，城乡居民开始将更多财富投资于资

[①] 北京大学中国国民经济核算与经济增长研究中心的报告指出，2010 年中国实现 GDP 58786 亿美元，高于日本同期的 54742 亿美元，中国取代日本成为世界第二经济大国。

[②] 世界银行统计数据库（WDI Online）显示，2010 年中国实现人均国民收入 4260 美元，高于世行所设定的 3000 美元的中等水平，中国正式成为"上中等收入"国家。

本市场，市场证券化率（Securitization Ratio）不断提升①。

　　经济发展和居民可支配收入持续增长催生出对财富配置的巨大需求。以证券投资基金（Securities Investment Fund）为代表的间接投资产品，成为居民财富配置的主要方式（见图1-1）。但遗憾的是，城乡居民财产性收入偏低的情况在较长一段时间内仍然存在（见图1-2）。如何破解现实困境乃是各方十分重视的问题。②

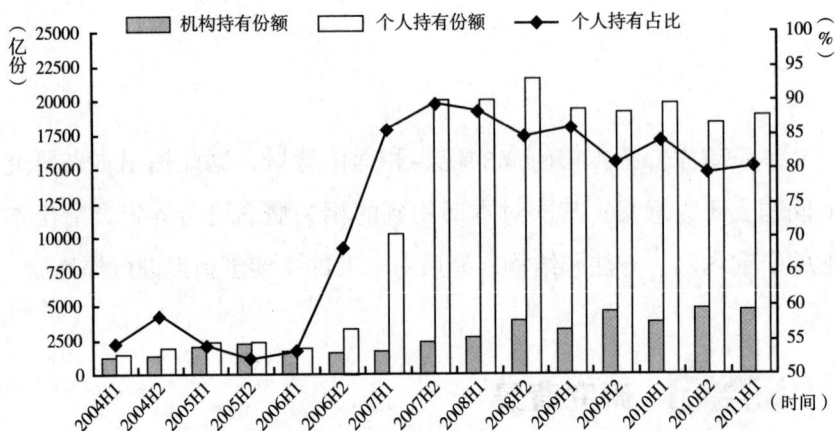

图1-1　个人和机构投资者持有证券投资基金的份额和比例

数据来源：华安基金《2001～2011开放式基金十年报告》。

　　证券投资基金起源于英国，兴盛于美国。③ 据美国投资公司协会（ICI）统计，截至2012年11月末，美国共同基金数量达到

---

① 市场证券化率指上市股票的市价总值与GDP之比，用来衡量一国股票市场的发展状况，间接反映一国金融市场的发展情况。世界银行（World Bank）统计数据显示，我国的市场证券化率由2003年的41.5%攀升至2007年的历史高点178.2%，其后虽有所下降，但仍维持在50%以上。见http：//databank.worldbank.org。

② 2007年10月，党的十七大报告在谈到加快推进以改善民生为重点的社会建设时，首次明确提出"创造条件让更多群众拥有财产性收入"。其后中央在多个文件和多个场合不断强调了该问题。

③ 1868年设立于英国伦敦的"海外及殖民地政府投资信托"（The Foreign and Colonial Government Trust）被认为是世界上最早的投资基金；1924年，美国诞生了第一只共同基金"马萨诸塞州投资者信托"（Massachusetts Investors Trust），其最初的组合包含45只股票，资产规模约5万美元。

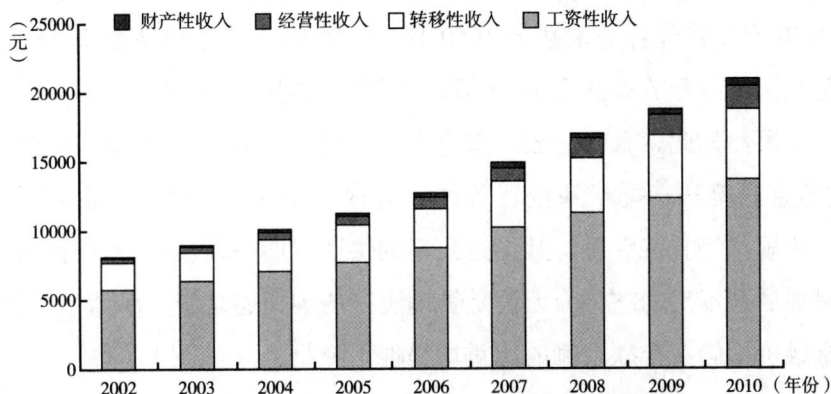

图 1-2 城乡居民人均年收入构成

数据来源：历年统计年鉴。

7612 只，管理的净资产总额达 12.87 万亿美元。经过约一个世纪的发展，共同基金已成为美国家庭财富配置的主要方式。

我国的证券投资基金出现较晚，发展迅速而且过程曲折。我国证券投资基金的发展大致经历了四个阶段：第一阶段是 1998~2000 年，市场上的证券投资基金品种仅限于封闭式基金（Close-ended Funds），而且数量少、规模小；第二阶段是 2001 年，不仅发行了首只开放式基金（Mutual Funds），而且规模有所扩大，年末资产净值（Net Asset Value）已超过 800 亿元；第三阶段是 2002~2003 年，基金规模高速增长，2003 年达到顶峰；第四阶段是 2004 年至今，证券投资基金呈现出超常规发展的态势。① 证券投资基金迅速成长为我国资本市场的中流砥柱。

短短十几年间，我国基金业走过了欧美基金业的百年历程。截

---

① 另有学者虽然也将证券投资基金的发展分为四个阶段，但结果稍有不同：一，探索阶段（1991~1992 年）；二，调整阶段（1993~1997 年）；三，发展阶段（1998~2006 年）；四，腾飞阶段（2006 年 7 月至今）。见肖继辉《基金治理与基金经理锦标赛激励效应研究》，科学出版社，2012，第 5 页。

至 2012 年底，国内已获证券监督管理委员会批准成立的基金公司达 70 家，管理各类型基金 1650 只，管理的资产净值达到 2.73 万亿元。其中开放式基金 1517 只，占基金总规模的 92%。

虽然如此，我国开放式基金在近几年的发展状况却令人担忧。《基金黑幕——关于基金行为的研究报告解析》[①] 发表十余年后，行业规范仍有待完善。且经过几年的快速发展后，基金行业近期却呈现后劲不足的态势，无论是管理资产的规模还是资产净值占同期金融机构储蓄存款余额的比重均呈现下降趋势（见图 1-3）。

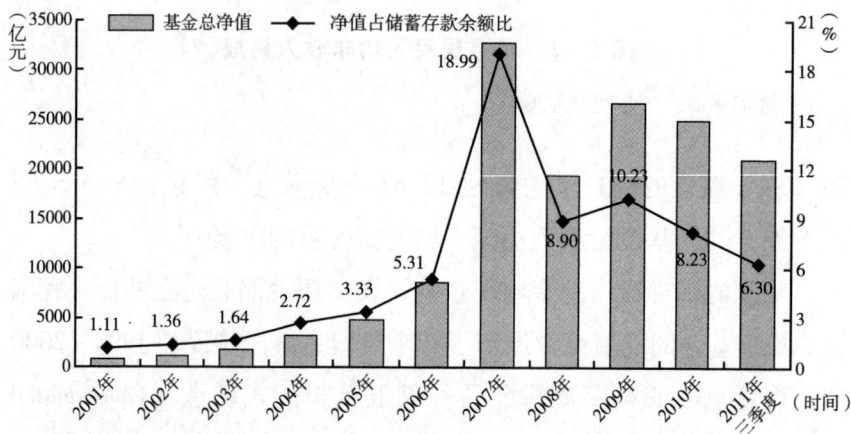

图 1-3　基金资产净值及占金融机构储蓄存款余额比重

数据来源：华安基金《2001~2011 开放式基金十年报告》。

二　理论背景

我国国民经济和资本市场波澜壮阔的发展，既为检验现代金融

---

① 2000 年 10 月，《财经》杂志发表了题为《基金黑幕——关于基金行为的研究报告解析》的文章，引起极大反响。作者以大量数据揭示了几乎人尽皆知的中国证券市场上存在的非规范操作，引起广大投资者的声讨，令监管层震惊，让业界哗然。

理论提供了极好的实例，同时又不断产生新的理论课题。正如陈志武所言，中国正在经历的转型总有说不完的话题。

Markowitz（1952）有关资产选择和投资组合的研究开创了现代投资组合理论（Modern Portfolio Theory，MPT）的先河，也为金融工程（Financial Engineering）学科的诞生和量化分析（Quantitative Research）的盛行提供了理论依据和分析范式（Paradigm）。均值—方差准则（Mean-Variance Rule）均衡分析框架为风险资产和无风险资产选择提供了指导，提供了分散化投资策略（Diversification Strategy）的精确解析形式，极大地促进了现代金融理论的发展和实践的进步。其后，Tobin（1958）、Sharpe（1964）、Fama（1970）、Merton 等（1973）、Ross（1976）等相继对 MPT 进行了发展和完善，共同构建了经典金融理论的大厦。

经典金融理论体系的基石是有效市场假说（Efficient Market Hypothesis，EMH）。EMH 认为证券价格波动是随机的，市场能够充分反映所有信息。EMH 建立在严格的假设前提之上，与现实多有相悖之处。这既反映在对资产风险—收益特性及其相关关系的刻画上，也反映在对主体行为的认识上。基于对价格运行和收益率分布的深入研究，以及非线性科学相关理论和方法的产生和应用，经典金融理论与现实之间的差异日渐明显，同时二者之间的融合也日臻完善。

金融异象（Financial Anomalies）在不同时期不同市场持续、广泛地存在，为市场非有效性提供了证据，同时也催生出惯性投资理论（Momentum Strategy）或风格投资理论（Style Strategy）等积极资产管理理论。另外，行为金融学（Behavior Finance）对投资者行为和投资过程给予了更多关注，为资产配置的动态优化提供了更多指导。这使得在标准的完全分散化策略下，资金实力雄厚的机构投资者（Institutional Investors）开始集中配置某一规模、行业、板块或区域的风格资产，并对投资组合进行动态管理，以期在不完美市场中获得"免费午餐"①。

第二节 研究问题与意义

一 问题提出

基于对市场有效性的深入研究和对机构投资者发展历程的现实考察，有两方面的问题引起了学术和实践的关注，其一是"开放式基金投资能力之谜"，其二是分散投资理论与集中持股现实之间的矛盾。

证券投资基金行业中存在若干长期未解开的谜题，比如封闭式基金"折价之谜"、开放式基金"赎回之谜"等。②"开放式基金投资能力之谜"是指在非完全有效的市场上，开放式基金相对于普通投资者并未显示出略胜一筹的资产收益预测能力和无风险套利能力。这种现象不仅在以中国为代表的新兴市场（Emerging Markets）上存在，而且在发达市场（Developed Markets）上同样存在。

EMH 认为，如果证券价格充分反映所有信息，其市场价格在任何时候都恒等于其内在价值，则该证券市场是有效的。EMH 给出了证券市场的理想状态或标准参考模式。其后的研究均表明，市

---

① "免费午餐"指投资者在不承担额外风险的情况下获得超额收益。"免费午餐"存在与否通常与证券市场效率有关。见宋光辉、刘广《价格波动、市场效率与分形理论——对于股市"免费午餐"的讨论》，《财会月刊》2013 年第 10 期。

② "折价之谜"指封闭式基金的交易价格长期低于其资产净值。该现象自 20 世纪 60 年代被学者所关注，其后证明在不同市场广泛存在。"赎回之谜"又称赎回异象，指开放式基金业绩与资金流入之间呈现出负相关关系，即开放式基金业绩越好，投资者赎回越多；这违背了开放式基金份额开放机制给基金管理人施加的优胜劣汰的压力。

场是非完全有效的，并且通过对中国市场的研究进一步揭示出，市场甚至连半强式有效或弱式有效水平都无法达到。

过去普遍认为，无论是从专业知识水平，还是从市场信息资源、投资实践经验、资本实力等方面来说，开放式基金都应是证券市场中最优秀的投资者。既然市场有效性不足，开放式基金面对诸多无风险套利机会，理应能获得优于普通投资者的超额收益（Abnormal Return）。遗憾的是，现实并非如此。在全球范围内，以开放式基金为代表的机构投资者都面临新的挑战。一份最新研究显示，过去四年里，全球绝大部分对冲基金的表现远远逊于绝大多数主要的股票指数或债券指数。中国的统计结果同样显示，这位一等一的"尖子生"在过去十年交出的仅是一份蹩脚的答卷。投资者（特别是基金投资者）面对如此结局的错愕，"不亚于看见自己珍藏的金元宝上长出了铜锈"。既然委托基金管理人并不能获得更好的收益，普通投资者开始倾向于直接参与股市，或者干脆将闲置资金存入银行（见图 1 - 4）。[①]

EMH 是机构投资者实施积极资产配置的理论基础，而滞后信息的存在为机构投资者的积极资产配置行为提供了可行性。作为专业机构投资者，开放式基金在不完美市场中表现出不完美的投资能力（Investment Ability）几乎是普遍现象。[②] 我国开放式基金发展的现实困境，也与开放式基金整体投资能力不足有关。

另一个引起关注的问题是分散投资理论与集中持股现实的矛盾。

---

① 据资本市场研究会主席刘鸿儒统计，近几年我国开放式基金资产管理的规模呈现下降趋势。公募基金持股市值占居民存款余额的比例也不断下降，从 2007 年的峰值 18.99% 一路下滑至 2011 年的 6.33%。

② 即便在美国这样成熟的资本市场上，无论是原始收益率指标还是经风险调整的收益率指标，大多数基金经理的业绩表现都逊于 S&P 500 指数。见博迪《投资学》，朱宝宪等译，机械工业出版社，2003，第 130～132 页。

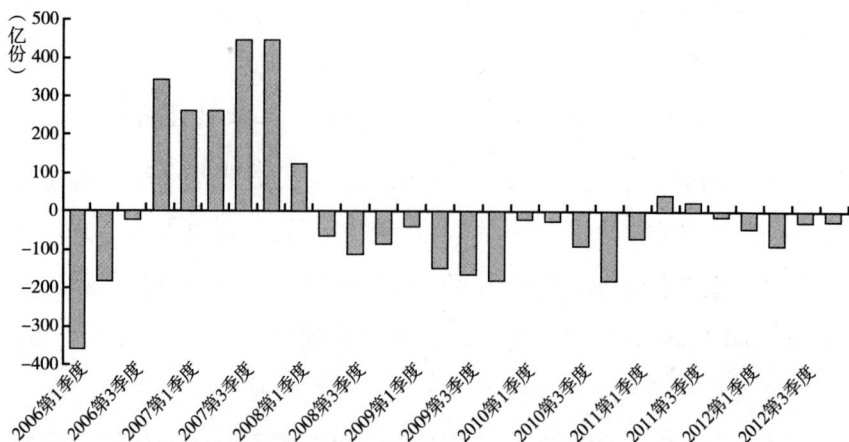

图 1 - 4　开放式基金各季度增减份额

注：该统计只包含了本书第四章用到的 77 只偏股型基金；为便于观察，该图中未显示 2007 年一季度和三季度的两个较大的正值。

数据来源：聚源数据库（GILDATA）。

分散化投资思想源于西方谚语 "不要把所有鸡蛋放在一个篮子里"。Markowitz（1952）以方差度量风险，据此给出了分散化思想的完整数学解析。Sharpe（1963）进一步将投资风险分为非系统性风险（Nonsystematic Risk）和系统性风险（Systematic Risk）。非系统性风险又称个别风险，是指个别证券自身的各种因素造成的收益不确定性。系统性风险又称市场风险，是指对所有证券收益都产生影响的因素，是经济、政治等共同作用的结果。非系统性风险可以通过分散化投资来降低甚至消除，而系统性风险无法消除，只能被对冲或转嫁。

基金的集中持股一般由四种情形来反映。一是前十大重仓股持股集中度，即前十大重仓股的总仓位占基金净值的比重超过 50%；二是有一只或几只股票占净值的比重超过 8%；三是重仓某个行业超过净值的 50%；四是同一家基金公司的交叉持股率（被同一家基金公司旗下两只及以上基金共同持有的股票数量占全部重仓股数量的比率）超过 50%。如果上述情形都未出现，则可纳入分散投资的范畴。

分散投资与集中持股孰优孰劣，在实践中存在争论。20 世纪以来顶尖的投资大师对分散投资与集中持股同样分歧巨大。在最成功的价值投资者中，Graham、Hebron、Claman、Sorkin 均崇尚分散投资，而 Buffett、Lynch、Luwani 等则以集中持股获利而著称。Buffett 在 2006 年伯克希尔·哈撒韦（Berkshire Hathaway）的年会上向股东表示："我们只需要少数几个能够带来巨大回报的品种。"

基金管理人之所以选择集中持股，一方面可能在于可供选择的优质资产较少，无奈之下只好"抱团取暖"；另一方面可能在于基金管理人迫于业绩排名的压力，采取较强的羊群行为（Herd Behavior）。黄革和李林（2011）指出，2002 年以前我国证券投资基金的持股集中度维持在 50% 以上，有明显的集中投资倾向；虽然其后持股集中度出现了一定程度的下降，但依然维持在较高水平。这种集中持股倾向在合格的境外机构投资者（Qualified Foreign Institutional Investors，QFII）、保险公司等其他机构投资者的投资组合中也有体现。

上述两个方面的问题看似毫不相干，但归根结底，都与基金管理人的资产配置有关。在非完全有效的市场中，基金管理人到底如何进行资产配置，进而能否表现出超人一等的投资能力，乃各方关注的焦点；如何从理论和实践上寻求解决问题的办法，又成为横亘在各方面前的难题。

二　研究意义

开放式基金的投资能力受资产配置的影响，而资产配置又与基金管理人对资产特性的认知和资产选择行为过程有关。因此，以投资组合为分析载体，深入揭示基金管理人投资能力的影响因素，具有理论和实践方面的双重意义。

MPT 假定投资者已获得了对证券未来表现（收益和方差）的一致预期，依据均值—方差准则对分散化投资策略给出精确的数学解析形式，指出可以通过挑选相关性较小的证券构建最优投资组合（Optimal Portfolio）。其第一次以严格的数理逻辑演绎金融学思想，因此被认为既是资产定价理论的奠基石，也是整个现代金融理论的奠基石。

然而，有学者指出，MPT 尚不完善，存在两个显著缺陷。其一，当证券数量增加时，为了获得有效集，需要处理的数据呈几何级数增加，计算烦琐。其二，该理论只考虑了资产选择理论的第二个阶段，始于对证券业绩的预期，终于对证券组合的选择，但没有涉及资产选择理论的第一个阶段，即如何形成这些预期。上述第一个缺陷已由 Sharpe（1964）和 Lintner（1965）解决，他们提出的资本资产定价模型（Capital Asset Pricing Model，CAPM）大大简化了风险和收益之间的关系。第二个缺陷则由行为金融学做了有益补充。

实际上，除了上述两个缺陷，尚有第三个问题值得关注，即资产组合动态管理问题，不妨称为第三个阶段。如果将第二个阶段得到的最优投资组合看成一个总的风险—收益均衡状态，那么当某些资产的风险—收益特征发生变化时，势必涉及组合的调整或优化问题。考虑到市场的变化比较快，这种动态管理可能会非常频繁。

自上而下（Top – down Strategy）的资产配置程序认为宏观经济环境特别是行业因素对企业价值具有重要影响，因此构建投资组合的过程应该是一个从行业到个股的过程。自下而上（Down – top Strategy）的资产配置程序则更注重公司的内在价值，因此构建投资组合时主要选择内在价值被低估的股票而忽略行业因素的影响。

自下而上的资产配置程序通常选择市净率较低或者市值较小的股票，因此被称为风格投资（Style Strategy）。两种资产配置程序的区别在于行业效应与风格效应对股票收益率影响程度的大小。研究表明，行业效应大于风格效应。自上而下的配置程序仍是目前基金管理人最常使用的配置方式，并且被证明对提升开放式基金的投资能力有显著的正面效应。

采取自上而下的资产配置程序，行业选择是绕不开的步骤。本书的研究正致力于从理论和实践上考察基金管理人的个股选择和行业配置，以及由此产生的动态资产管理。探究该过程不仅有助于辨析价值管理的更多细节，同时有助于完善风险管理理论（Risk Management Theory）和泡沫理论（Bubble Theory）等。

第三节 相关概念界定

一 开放式基金

机构投资者指具有法人资格并由投资专家组成，以其管理的资金在证券市场上进行各类股票和债券投资的机构。机构投资者是成熟资本市场的投资主体。[①] 机构投资者有广义和狭义之分。狭义的机构投资者主要有证券投资基金、养老基金、社会保险基金、证券公司、保险公司。广义的机构投资者不仅包括上述狭义机构投资者，还包括各种私人捐款的基金会和社会慈善组织。我国的机构投

---

① 美国投资公司协会（ICI）的统计数据显示，在 2007 年，机构投资者持有的股票占股票市场市值的比例超过 50%，纽约证券交易所 80% 的交易量和纳斯达克 60% 的交易量由机构投资者所为。见 www.ici.com.org/states/mf/trend.html。

资者主要包括证券投资基金、社会保险基金、证券公司和保险公司。当然，也有学者认为还要加上企业等法人机构。

为改善资本市场结构进而提升市场资源配置效率，我国证券监管部门于2000年提出"超常规发展机构投资者"战略，并将其作为稳定市场、改善市场投资生态的重要举措。经过十多年的发展，我国目前已经形成了以基金公司、券商、保险公司、社保基金、QFII等为主体的多元化格局。截至2010年11月底，机构投资者持股占流通股市值的比例达到70%，证券投资基金持股占各类机构投资者持股总额的比例超过50%。机构投资者已逐渐取代个人投资者成为我国证券市场的投资主体，而开放式基金又逐渐成为机构投资者的主力。

由于发展历程各异，各国对证券投资基金的称谓也不尽相同。① 一般认为，证券投资基金是一种利益共享、风险共担的集合投资方式，即通过发行基金单位集合投资者的资金，由基金托管人托管，由基金管理人管理和运用资金从事股票、债券等金融工具投资，并将投资收益按基金投资者的投资比例进行分配的一种间接投资方式。

依据不同分类标准，证券投资基金可以分为不同类别（见图1-5）。其中按照基金运作方式不同，可分为封闭式基金和开放式基金。封闭式基金是指经核准的基金份额总额在基金合同期限内固定不变，基金份额可以在依法设立的证券交易场所交易，但基金份额持有人不得申请赎回的基金。投资者日后买卖基金单位，须在二级市场上进行竞价交易。开放式基金是指基金份额总额不固定，基金份额可以在基金合同约定的时间和场所申购或赎回的基金。此

---

① 证券投资基金在英国和中国香港被称为"单位信托基金"或"集合投资计划"，在日本、韩国和中国台湾习惯被称为"证券投资信托基金"，在美国则被通称为"共同基金"，在中国大陆被通称为"证券投资基金"。

外，还可根据投资策略不同，将证券投资基金分为积极型基金和消极型基金[①]。

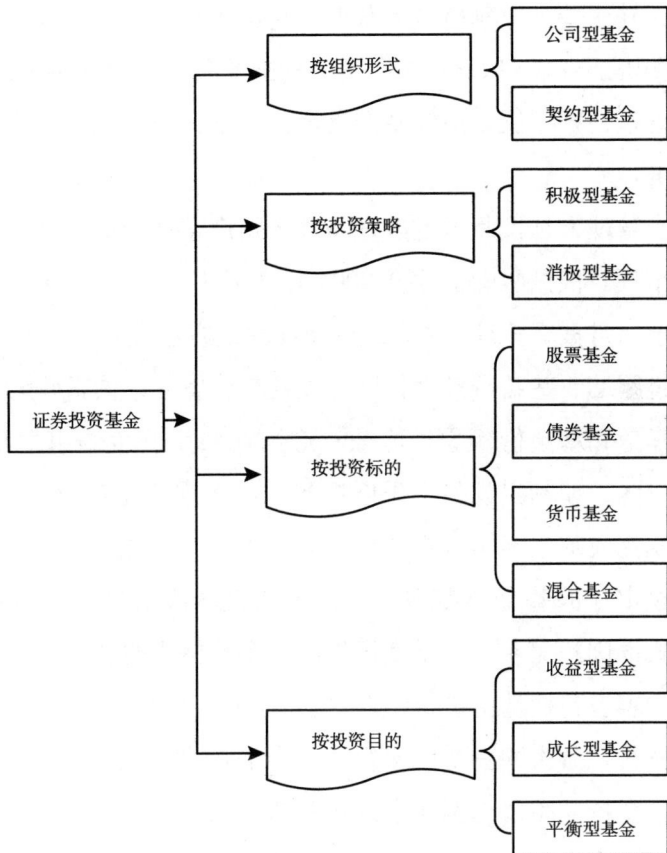

```
                          ┌─────────────┐
                    ┌────→│  按组织形式   │──┐  ┌─────────┐
                    │     └─────────────┘  ├─→│ 公司型基金 │
                    │                      │  └─────────┘
                    │                      └─→┌─────────┐
                    │                         │ 契约型基金 │
                    │                         └─────────┘
                    │     ┌─────────────┐
                    ├────→│  按投资策略   │──┐  ┌─────────┐
                    │     └─────────────┘  ├─→│ 积极型基金 │
                    │                      │  └─────────┘
                    │                      └─→┌─────────┐
                    │                         │ 消极型基金 │
                    │                         └─────────┘
                    │                         ┌─────────┐
                    │                      ┌─→│ 股票基金  │
                    │                      │  └─────────┘
 ┌──────────┐       │     ┌─────────────┐  ├─→┌─────────┐
 │ 证券投资基金 │──────┼────→│  按投资标的   │──┤  │ 债券基金  │
 └──────────┘       │     └─────────────┘  │  └─────────┘
                    │                      ├─→┌─────────┐
                    │                      │  │ 货币基金  │
                    │                      │  └─────────┘
                    │                      └─→┌─────────┐
                    │                         │ 混合基金  │
                    │                         └─────────┘
                    │                         ┌─────────┐
                    │                      ┌─→│ 收益型基金 │
                    │     ┌─────────────┐  │  └─────────┘
                    └────→│  按投资目的   │──┼─→┌─────────┐
                          └─────────────┘  │  │ 成长型基金 │
                                           │  └─────────┘
                                           └─→┌─────────┐
                                              │ 平衡型基金 │
                                              └─────────┘
```

图 1-5 证券投资基金分类

开放式基金涉及基金管理人、基金托管人和基金份额持有人等行为主体。其中，基金管理人是指凭借专门的知识与经验，运用所

[①] 积极型基金指那些试图通过积极的选股和选时策略而使自己的收益超过市场平均收益的基金。这些基金的基金管理人认为可以通过专业知识、从业经验和信息资源，挖掘到些普通投资者无法获知的信息，从而通过积极的选取策略跑赢指数。消极型基金指那些完全根据市场指数来构建自己资产组合的基金。这些基金的基金管理人认为市场是完全有效的，股票价格已完全反映了市场中所有的信息，任何试图利用已知信息以预测股票未来价格而获利的做法都是徒劳的。

管理基金的资产，根据法律、法规及基金章程或基金契约的规定，按照科学的投资组合原理进行投资决策，谋求所管理的基金资产不断增值，并使基金份额持有人获取尽可能多的收益的机构。《中华人民共和国证券投资基金法》规定我国的基金管理人由依法设立的基金管理公司担任。担任基金管理人，须经国务院证券监督管理机构核准。

基金管理人须按照规定办理与基金财产管理业务活动有关的信息披露事项。根据中国证监会 2004 年 7 月 1 日正式实行的《证券投资基金信息披露管理办法》，基金管理人应当在每个开放日的次日，通过网站、基金份额发售网点以及其他媒介，披露开放日的基金份额净值和基金份额累计净值；应当在每个季度结束之日起 15 个工作日内，编制完成基金季度报告；在上半年结束之日起 60 日内，编制完成基金半年度报告；在每年结束之日起 90 日内，编制完成经过审计的基金年度报告。根据《证券投资基金信息披露内容与格式准则》第 4 号对季度报告的内容与格式的要求，基金季度报告的内容应包括基金投资组合（股票组合和债券组合），比如报告期末按行业分类的股票投资组合（若有股票投资）、报告期末按市值占基金资产净值比例大小排序的前十名股票明细、报告期末按市值占基金资产净值比例大小排序的前五名债券明细等。

二 资产配置

Markowitz（1952）开创了标准资产配置（Asset Allocation）研究的先河，第一次给出了完整的量化模式。资产配置是投资者根据风险与收益相匹配的原则，将全部资产投资于风险资产和无风险资产中，并决定或调整这两类资产在一个完整资产组合中的比例。资产配置分为两个步骤，第一步是构造最优风险资产组合，即由不同股票和债券组成的有效前沿（Efficient Frontier）。由于投资者的证券选择不一样，输入变量也不一样，从而最优风险组合也可能不一样（见图1-6）。

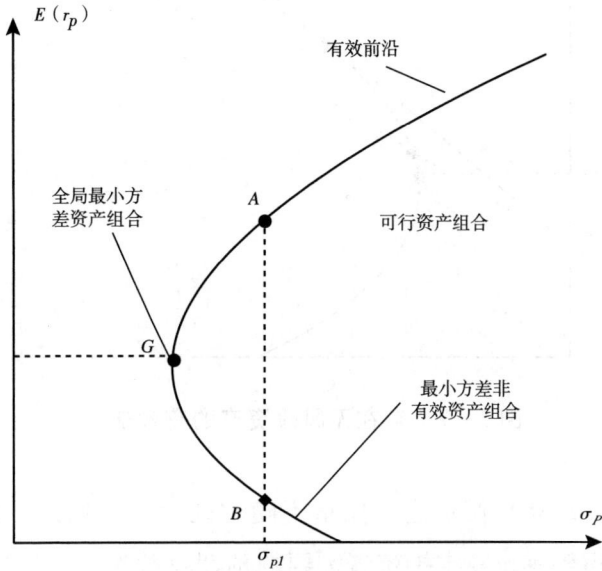

图 1-6 风险资产组合的有效前沿

资产配置的第二步是在无风险资产（比如国库券）与最优风险资产组合之间分配资金，称为资本配置（Capital Allocation）。资本配置的结果依赖于投资者的风险偏好。但是，Tobin（1958）的"两基金分离定理"指出，投资者最终会持有同样的最优风险资产组合，即市场组合 M。在现代金融体系基础下，资产配置的优劣并不在于不同资产比例的选择，而依赖于证券分析（见图1-7）。

为揭示资产配置对基金业绩的影响，其后的研究进一步将资产配置分解为战略性资产配置（Strategical Asset Allocation，SAA）和战术性资产配置（Tactical Asset Allocation，TAA）。SAA 指基金管理人为实现长期投资目标而确定基准组合中各项资产类别权重的活

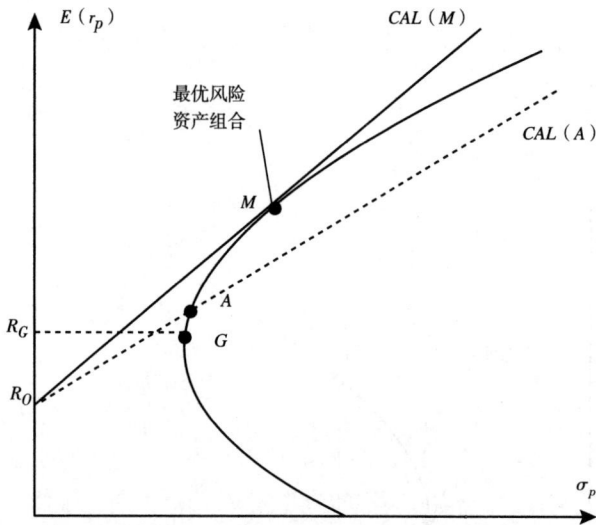

图 1-7 存在无风险资产的有效前沿

动。BHB（1986）假定这一权重不随时间变化，通过一系列优化
程序，可得到满足特定投资者需要的预期收益和风险的最佳组合。
由 SAA 带来的收益称为被动收益。TAA 指基金管理人通过选时主
动地调高或降低不同资产类型的配置比例的活动。BHB（1986）
把选股择时都归在这一类里，用来代表在每一资产类别中选择具体
的证券，以及短期调整资产类别权重的过程。由 TAA 带来的收益
叫作主动收益。

研究表明，资产配置是决定开放式基金投资能力的重要因素。

三 投资能力

"能力"被当作一个心理学名词时，是个非常宽泛的概念，被
广泛应用于经济、管理、投资等领域。《辞海》指出，能力是指成
功完成某种活动所必需的个性心理特征。能力分为一般能力和特殊

能力，各种能力是在先天素质的基础上，通过后天学习和实践逐渐形成和发展的。

相比较而言，"能力"概念在英美语系中的含义更丰富。与"能力"相近的英语名词主要有三个，分别是 Ability、Capability和 Capacity。Ability 的主体通常是人，指智力或体力上的能力，这种能力可能是先天的，也可以通过学习或锻炼等获得；Capability的主体可以是人或物，作"能力"解时与 Ability 意义相近，但强调"先天能力"；Capacity 意为"容量、生产量、智能"等，主体可以是人也可以是物。可见，当提到管理能力、创新能力、投资能力等概念时，通常用 Ability；当提到"宰相肚里能撑船"（The Prime Minister has an infinite capacity for patience）时，则用Capacity。

投资能力有宏观和微观之分。宏观意义的投资能力是指金融效率能力或资源禀赋能力。微观意义的投资能力初始被定义为获得持续投资业绩的能力。其后，基于投资业绩的分解，投资能力被进一步拆分为市场时机选择能力（Timing Ability）和证券选择能力（Selection Ability）。前者指基金管理人判断市场整体发展趋势的能力，后者则指基金管理人判断所选择个体证券发展趋势的能力。国内研究在定义投资能力时，要么遵循上述定义，要么将二者不做区分。

在本书的研究中，投资能力与投资业绩是两个被严格区分的概念。本书将投资能力定义为开放式基金的资产配置能力，它包含两个层次的含义，其一是标准配置能力，其二是动态行为能力。标准配置能力又可进一步分为个股配置能力和行业配置能力。本书认为，投资能力主要与 SAA 有关，而受 TAA 影响较小。投资业绩显著的基金，其投资能力通常也比较显著；但投资业绩不显著的基金，其投资能力未必就不强。

四 风格投资

风格投资源于市场有效性不足及金融异象的持续存在，以风格资产（Style Assets）的划分为前提。风格资产并非指单一资产，而是一种资产类别或资产组合。同一风格的资产一般具有风险收益的共同特征或属性，并且资产收益表现出较强的相关性。

风格投资通常指按照风格资产而非单个证券来进行资产配置的投资组合管理方法。Christopherson（1995）认为风格投资体现在资产组合管理过程中，并将其定义为"投资于某一类具有共同特征或共同价格的股票，比如投资于市盈率较高公司的股票"。Siegel（1998）认为风格投资是一种风行于华尔街的投资方式，即基金管理人在大盘股与小盘股、价值股与成长股之间进行轮换的投资策略。国内杨朝军等（2006）认为风格投资指投资管理者（或公司）将投资组合限制在与某一市场异象相对应的子市场中的一种新兴投资哲学和方法，其理论基础是市场异象。

风格投资体现在资产组合管理的各个环节，包括证券分析、证券选择、板块选择、资产配置和市场时机选择等。

五 量化研究与量化投资

量化研究是与质化研究（Qualitative Research）相对应的概念，属社会科学领域的研究范式之一，在金融研究中同样备受推崇。

威廉·配第（William Petty）首先将数理方法应用于社会科学研究，开数量化运动之先河。20 世纪 40 年代后，得益于系统工程、运筹学等学科的快速发展和计算机技术的广泛应用，量化研究的优势逐渐显现。

金融领域的量化研究有赖于 Markowitz（1952）的开创性研究和金融工程学科的发展。这使得量化投资（Quantitative Investment）策略日益盛行，量化投资产品日趋增多。量化投资就是使用若干量化指标来指导投资决策。这些指标可以是技术的，如价格、成交量、成交额、移动平均线数据等；也可以是基本面的，如货币供应量、公司财务指标等；还可以是心理或行为的，如投资者情绪、分析师综合预测等。量化投资策略就是对这些可以量化的信息进行统计学上的分析，然后建立金融模型，通过计算机程序进行投资决策和交易。

相对于价值投资（Value Investment）或技术投资（Technology Investment），量化投资的优点体现在以下三个方面。第一，可有效控制基金投资的主观风险。无论是价值投资还是技术投资，其行为过程受基金管理人主观判断的影响都较大。这会进一步导致投资风格（Investment Style）趋同、持股集中等，不利于风险分散。相比较而言，量化投资严格依据量化模型，投资行为纪律性较强；且量化模型的有效性经过历史数据的检验，可靠性更高。第二，可系统提升基金管理人的投资能力。量化投资是一项系统工程，需要多个子系统的共同支撑。分工合作，汇聚各方力量，是提升投资能力的有效途径。第三，可完善资产配置决策体系。资产配置属于定量分析的过程，使用的也是量化分析方法，二者一脉相承，相互促进。

量化投资因 Simons 和文艺复兴科技公司（Renaissance Technologies Corporation，RTC）而声誉鹊起。[①] 但实际上，在此之前，海外市场已有相当规模的量化基金产品。据统计，在美国零售

---

① James Harris Simons（詹姆斯·哈里斯·西蒙斯），1938 年出生，美国著名数学家、学者、投资家和慈善家。1982 年，西蒙斯创建了文艺复兴科技公司。这是一家私有的位于纽约的投资公司，管理着约 150 亿美元的资产，是世界上最成功的对冲基金之一。其旗下赫赫有名的大奖章基金（Medallion），自 1988 年成立以来 20 年间的年均回报率高达 38.5%，远超巴菲特所实现的 20% 的年均收益率。

市场上发行的主动型股票基金中，量化基金约占 20% 的市场份额。从 2000 年至 2009 年，美国量化基金总规模翻了 4 倍多，而共同基金总规模只翻了 1.5 倍。除前述提到的 RTC 外，巴克莱（BGI）、道富环球（SSGA）和高盛国际（GSAM）等都是量化投资的最杰出代表。

在国内，量化基金才刚刚起步。但随着市场效率提升和投资者结构优化，越来越多的基金管理人开始使用量化模型进行投资决策和资产管理，以寻求不确定环境中的大概率确定收益。2004 年国内首只量化基金光大保德信量化核心诞生，2005 年第二只量化基金上投摩根阿尔法发行。此后国内量化基金阵营不断壮大，至 2011 年年底已有 15 只量化基金发行运作（见表 1－1）。多只量化基金的业绩排在同类基金前列。

表 1－1　国内量化基金发展概况

代码	简称	发行时间	投资策略
360001	光大量化核心	2004/08/27	多因子模型
377010	上投阿尔法	2005/10/11	多因子模型
070017	嘉实量化	2009/03/20	行业选择模型、阿尔法多因子模型、组合优化
398041	中海量化	2009/06/24	市场泡沫度模型、B－L 模型和个股量化模型
630005	华商动态	2009/11/24	多因子模型
080005	长盛红利	2009/11/25	核心—卫星量化选股
100038	富国 300	2009/12/16	指数投资为主，量化管理为辅
202019	南方策略	2010/03/30	B－L 模型
460009	华泰量化	2010/06/22	多因子模型
519983	长信量化	2010/11/18	B－L 模型、多因子模型
410009	华富量子	2011/04/01	价值驱动战略资产配置模型、多因子模型
233009	大摩多因子	2011/05/17	多因子模型
163110	申万菱信	2011/06/16	多因子模型
320016	诺安多策略	2011/08/09	行业因子模型、多因子模型
161017	富国 500	2011/10/12	阿尔法多因子模型

数据来源：宏源证券价值评价系统。

第四节　研究内容与方法

一　研究内容

现代金融始于 20 世纪 50 年代，从研究内容看，主要涵盖三大领域：资产定价，公司财务，以及金融市场、金融中介和金融监管。资产定价重点研究资产价格形成过程和机制；公司财务研究资金筹集、资本预算、资本结构、税收、红利政策、公司并购和公司治理等问题；金融市场、金融中介和金融监管的研究重点包括市场利率及利率机制，商业银行、投资银行、保险公司等中介问题，以及金融机构和金融市场的监管。从研究方法看，主要有两种，一是以数学语言和数理逻辑的方式演绎金融思想，二是使用计量方法和大规模数据表述新的金融观。

本书主要以开放式基金为代表，以其投资组合为分析载体，考察其资产配置，目的在于准确度量开放式基金的投资能力并给出优化策略。本书在研究内容上关注资产配置和动态管理问题，在研究方法上兼用数理分析和数据检验。具体来说，主要研究如下内容。

第一，现代金融理论的起源、发展和演进，以及对投资实践带来的影响。通过对既有研究的梳理和分析，可发现人们对资本市场的认识逐渐由线性范式进入非线性范式，资产管理理念和策略也相应发生改变。

第二，开放式基金投资能力的概念和内涵，与投资业绩之间的区别，以及对开放式基金投资能力的检验方法。分析可知，投资能力与投资业绩二者在内涵和外延上存在差别，检验方法也存在差别，所得结论亦存在差别。

第三，开放式基金投资能力的影响因素，以及各因素对投资能力的影响大小。分析可知，与其他因素相比，资产配置对投资能力的影响最大，可解释开放式基金收益率波动的绝大部分。

第四，我国开放式基金投资能力现状。通过经验分析和实证检验，可发现我国开放式基金投资能力整体均不显著，无论是个股配置能力还是行业配置能力均未达到市场预期水平。进一步通过方差分析，可发现投资风格不同的偏股型基金之间的投资能力亦无显著差别。这也从侧面反映出各类型基金的投资策略有趋同迹象。

第五，提升我国开放式基金投资能力的途径和方法。既然开放式基金的投资能力主要与个股选择、行业配置和动态配置有关，因此分别从这三个方面给出改进的办法。本书给出的方法不依赖于市场有效性程度，避免对证券收益特性的讨论，具有较好的适应性。

第六，将本书提供的资产配置策略与既有研究结果相比较。可发现本书提供的资产配置策略是有效的，能快速、有效降低非系统性风险和提高投资收益。通过对最优投资组合规模的分析，得到市场真实的系统性风险水平。这不仅为揭示过去几年市场建设的成效提供了新的视角和证据，反过来又为基金管理人的资产配置提供了指引。

二　研究方法

本书主要研究基金管理人的资产配置对投资能力的影响，目的在于深刻揭示个股选择与行业配置、投资组合与投资能力之间的关系。本书主要采用定性描述和理论演绎、数理建模和实证分析相结合的方法，分层次多角度对核心问题进行深入研究。在实证模型的构建上，既使用了理论推导的方法，也使用了经典金融理论中均值—方差分析框架，还借助了经济学研究中的均衡分析范式。具体来说，本书主要使用了如下研究方法。

一是描述性统计分析。先对开放式基金的投资业绩和投资能力进行描述、界定和区分。进一步以投资组合为桥梁，将资产配置和投资能力连接起来，从而揭示出本书研究的背景和意义。该研究方法主要体现在本书的第二章至第四章。

二是文献回顾与分析。检索国内外最近几年有关开放式基金投资能力、最优投资组合、行业配置、风格投资等方面的文献，对其理论观点、研究方法、实证检验及实证结果进行综述，然后对研究成果和观点进行梳理和比较，提出本书要研究的主要问题及拟使用的解决问题的方法和得到的结论。该方法主要应用于第二章和第三章。

三是数理建模。考虑到中国"新兴＋转轨"的市场现状，本书假设资产配置中的个股选择、行业配置和动态配置是影响基金管理人投资能力的主要因素。这需要揭示行业配置对投资收益的影响，同时建立最优投资组合的变动模型。该研究方法主要用于第六章，但其结果贯穿第六章、第七章等章节。

四是实证检验。结合既有研究的模型和方法，本书继续使用 A 股和中国开放式基金数据，对相关假设进行实证检验。具体实证方法如下。

在第四章中，使用不依赖比较基准的组合变动分析法，多层次、多角度实证检验开放式基金的投资能力，获得了我国开放式基金投资能力的真实水平。

在第六章中，使用数理建模和面板数据，对个股选择和行业配置影响投资能力的路径进行实证研究，指出该种资产配置策略有助于提升投资能力。

在第七章中，提供一个动态资产配置（Dynamic Asset Allocation，DAA）的算法，并对算法的有效性进行检验。结果发现该算法具有稳健性，且的确有助于实施动态资产管理。

第五节 逻辑结构

本书共分为八章，按照提出问题—分析问题—解决问题的思路组织。

第一章导论，主要解决本书的写作背景、研究的问题及意义、研究内容及方法，并对相关概念进行准确界定，理清本书的研究边界，最后大致列示本书研究的创新之处。

第二章文献回顾与理论评述，主要梳理了投资能力相关研究文献，并揭示了投资组合和资产配置与投资能力之间的关系。第二章是全书的理论核心，也是后续开展实证研究的基础和依据。

第三章样本选择与数据采集，完整给出后续各章节需要使用的指数、行业、个股等样本，并对样本数据进行预处理，初步获得数据特征。

第四章开放式基金投资能力测算与检验，使用一个非参数测度方法，获得样本基金的个股配置能力和行业配置能力，并对其进行显著性检验，从而验证原假设是否成立。研究表明，开放式基金的投资能力并不显著，可能是阻碍行业快速发展的原因之一。

第五章标准资产配置对投资能力影响的数理分析，主要使用均值—方差分析框架，揭示在不同的市场条件下，有效前沿和最优资产组合如何变化，给出提升投资能力的机理和路径。

第六章个股和行业配置对投资能力影响的实证研究，主要基于NPV（Net Present Value）模型，检验个股和行业配置对投资能力的影响。研究发现，该种资产配置方法对资产收益有显著影响，可作为提升投资能力的途径。

第七章动态资产配置对投资能力影响的实证研究，主要考察如何在众多资产中构建相关性尽量小的资产组合，从而在降低组合风险的同时提升组合收益。这对于开放式基金动态调整和维护其资产组合至关重要，也是影响其投资能力的重要环节。

第八章研究结论和展望，主要给出本书的研究结论，并说明研究不足及未来需要进一步深入研究的地方。

第六节 主要创新

第一，首次正式提出"开放式基金投资能力之谜"，并将其作为一个重要的理论课题认真对待。

我国开放式基金经过十几年的快速发展后，目前已显露出疲态。投资业绩不理想或不稳定是阻碍基金行业持续发展的表面原因之一，但从居民财富配置的角度看，开放式基金相比其他投资渠道没有显露出显著的投资能力才是真正的深层次原因。

经典金融理论建立在有效市场假说之上。如果市场完全有效，则不存在"免费午餐"，任何积极资产管理策略都无法获得超额收益。相反，如果市场非完全有效，则投资者可通过市场异象或套利策略获得超额收益。我国的证券市场被证明未达到强式有效（Strong Form）。作为专业机构投资者代表的开放式基金在不完美市场中的投资能力到底如何，值得深究。

第二，首次完整建立开放式基金投资能力的概念体系，并提出投资能力的分析框架和检验方法。

传统研究对开放式基金的投资业绩关注较多，而对投资能力关注较少。实际上，投资能力与投资业绩并非等同概念，二者在内涵和外延上存在显著差别。基于看待问题的出发点不同，使用的分析方法也应有所不同。相对于既有研究将开放式基金当作黑匣子处理，只考察其输入和输出，本书则直接剖析了开放式基金的投资组合，利用投资组合提供的丰富信息获得了一些新的有益结论。本书的分析框架为深入研究开放式基金和积极资产管理开辟了新的途径，提供了新的视角。

第三，首次对开放式基金的投资能力进行了详细考察，揭示出影响投资能力的不同因素。

通过对既有研究的详细分析和梳理，发现影响开放式基金投资能力的因素有很多，但以资产配置为最。进一步使用大样本、长周期的数据进行检验，发现我国开放式基金的投资能力整体不显著，无论是个股配置能力还是行业配置能力均较少通过显著性检验，印证了本书初始提出的投资能力不足阻碍行业发展的论断。

第四，从三个方面给出提升开放式基金投资能力的途径，为实践提供了明确指导。

首先，完整提供了一个个股配置的标准分析框架，能在不同市场状况下构建最优投资组合。其次，创新性地提出了一个个股选择和行业配置的策略，实证检验该策略是有效的，并且其有效性不依赖市场有效性程度，避免陷入对收益率序列分布的冗繁讨论。最后，提供了一个改进的指导动态资产配置的算法，实证检验该算法是稳健的，且能有效提升投资组合收益率和降低投资组合风险。本书也得出了关于市场系统性风险真实水平的新的有益结论，从侧面揭示了过去几年我国市场建设的成效。

第二章 | 文献回顾与理论评述

第一节 资本市场理论起源与演进

MPT 建立在对证券价格波动规律的合理刻画之上，正确识别市场运行、价格波动和风险演化内在规律是证券分析的基础和前提。EMH 认为证券价格变化服从随机游走（Random Walk），收益率呈正态分布（Normal Distribution），风险可测且可控。此时资本市场是线性、静态和独立的，易于被投资者所把握。

依据信息反应模式，Fama（1970）将有效市场分为三个层次：弱式有效，此时市场价格反映了所有历史信息，投资者无法根据历史信息获得超额收益；半强式有效，此时市场价格反映了所有公开信息，投资者无法根据公开信息获得超额收益；强式有效，此时市场价格完全反映了历史信息、公开信息和未来信息（内幕信息）等所有信息，投资者无法通过积极资产管理行为获得超额收益，一切的积极资产配置行为都是徒劳的，最好的投资策略是进行指数投资。

EMH 建立在不同的市场信息反应模式上。其核心思想在于，市场能够对信息做出及时、合理、一致的"完全反应"，使所有信息都立即反映到价格中去。对不同的市场有效性层次，可用不同的方法进行检验。20 世纪 70 年代后，随着信息经济学（Information Economics）的引入，EMH 在理性预期框架内进一步演化成三个学派：一，以 Fama 为代表的坚持以实证方法研究资本市场效率并居于主流地位的经验主义学派（Empirical School）；二，以 Rubinstein、Grossman 和 Stiglitz 为代表的研究信息传递微观基础的信息经济学学派；三，以 Easley、O'Hara 为代表的强调流动性交易成本和价格发现机制的市场微观结构理论（Market Microstructure Theory）学派。

EMH 作为新古典金融学（Neoclassical Finance）的范式，深刻地改变了人们对资本市场的认识。然而自 20 世纪 80 年代起，伴随着经验证据中金融异象的积累和行为金融学的兴起，经济学界围绕 EMH 展开了激烈的争论①。

对 EMH 的质疑首先反映在理论演绎上。效率悖论（Efficiency Paradox）②就指出，市场有效性与信息搜寻相矛盾。Mandelbrot (1964) 从收益率分布入手，指出收益率服从一族稳定的帕累托分布（Stable Pareto Distribution），其特点是倾向于有趋势和循环，同时也有突变。其后，在更一般的层面上，Levy 分布（Levy Distribution）对"尖峰肥尾"（Leptokurtic and Fat Tailed）的收益率特征给出了更好的描述。

---

① 争论的焦点主要在于金融异象、稳定分布、混沌理论和行为金融学派对有效市场假说的批评，分形市场假说对有效市场假说的挑战，以及有效市场支持者的反批评。相关讨论详见王智波《1970 年以后的有效市场假说》，《世界经济》2004 年第 8 期。Song Guanghui, Liu Guang, *EMH and FMH: Origin, Evolution and Tendency*. Los Alamitos, California. 2012 Fifth International Workshop on Chaos - fractals Theories and Applications. United: The Printing House, 2012.

② 效率悖论又称格罗斯曼 - 斯蒂格利茨悖论（Grossman-Stiglitz Paradox），指的是由于信息成本的存在，市场效率和竞争均衡是不相容的，价格不可能充分反映所有信息。因为，如果价格是信息有效的，就不会有人花费成本来收集信息并承担前期风险；而如果没有人去获取信息并据此决定其需求，新信息又不能被汇总或者以最快的速度体现到资产的价格中，那么价格就不会是信息有效的。该悖论也可以表述为：如果市场完全搜集了市场参与者的私人信息，市场参与者的需求将不再依赖他们自身所拥有的信息，但是，市场（价格体系）又怎么可能完全收集到所有人的信息呢？

实证研究从正面和侧面为验证市场非完全有效提供了更多证据。Jegadeesh 和 Titman（1993）的研究指出，市场存在惯性效应（Momentum Effect），即观察期（Evaluation Period）收益较好的股票，在随后的观察期内，收益仍然较好。市场的惯性效应表现为两个现象。其一，股票收益有延续原来运动方向的趋势。如果以过去 3~12 个月的持有期（Holding Period）收益率为依据，将可选股票分为赢家组合（Winner Portfolio）和输家组合（Loser Portfolio），实证发现在随后的 3~12 个月的观察期内，赢家仍赢，输家仍输。其二，盈余公告现象（Post-Earnings-Announcement Effect），即盈余公告后的一段时间内，非预期盈余高的公司股票价格将持续上涨，非预期盈余低的公司股票价格继续下跌。[①] 如果在盈余公告日通过买进前者而卖空后者构造一个零成本投资组合（Zero-portfolio），持有 3~12 个月后，可获得正的无风险超额收益。上述两个现象中，第一个现象与弱式有效市场假说相矛盾，第二个与半强式有效市场假说相矛盾。

Jegedeesh 和 Titman（2001）继续使用其 1993 年论文的方法，以美国市场 1990~1998 年的数据替换 1965~1989 年的数据；Rouwenhorst（1998）、Chan 等（2000）、Hameed 和 Kusnadi（2002）增加了市场选择范围。他们的研究发现，在更广泛的样本期和市场范围内，惯性效应都持续、普遍存在。这从侧面表明，市场非有效性同样是持续和广泛的。

我国证券市场尚未达到强式或半强式有效，这在国内研究中基本取得了一致。但对于我国证券市场是否达到弱式有效，现有研究结论并不统一。早期研究都支持我国证券市场不具备弱式有效性。

---

① 实际上，研究还发现，在更一般的层面上，公司公布意外利好消息也会使股票在公告日前后的 2~3 日内有正的超额收益，并且这种超额收益会持续 3~12 个月。正的非预期盈余只是利好消息的一个特例而已。

马慧敏（2011）最新的研究则表明，只有某些行业达到了弱式有效，整个市场并未完全达到弱式有效。虽然如此，市场建设并非完全无效的。如果从动态分析，可发现在股权分置改革完成后，我国的市场有效性程度在不断提升。

随着信息技术和金融物理学（Econophysics）等交叉学科的不断发展，人们对资本市场的认识不断深入，理论上亦不断有所突破。现代资本市场理论逐渐演化成三个主要分支：一，以 Markowitz、Fama 等为代表的经典金融理论；二，以 Mandelbrot、Peters 等为代表的分形市场假说（Fractal Market Hypothesis，FMH）；三，以 DeBondt 和 Thaler 为代表的行为金融理论（见图 2 - 1）。

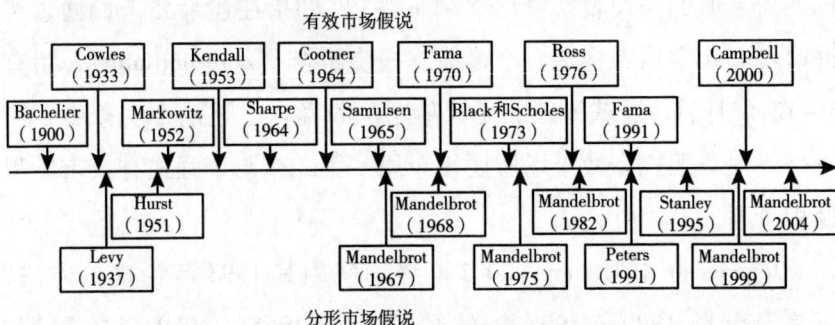

图 2 - 1　资本市场理论演进

资料来源：Song Guanghui，Liu Guang，*EMH and FMH*：*Origin*，*Evolution and Tendency*. Los Alamitos，California. 2012 Fifth International Workshop on Chaos - fractals Theories and Applications. United：The Printing House，2012.

上述不同理论对资产价格的描述存在差异，但并非完全对立的，亦不能相互替代。比如 EMH 认为股票价格服从随机游走，可用随机过程（Stochastic Process）来描述。FMH 则认为价格波动由一个随机过程与一个平稳过程（Stationary Process）组成。随机过程部分反映了有效市场价格的基本部分，平稳过程部分反映实际价格对基本部分的背离，代表了市场的非有效部分。虽然 EMH 与

FMH 对价格分布的刻画不同，但可以证明，EMH 只是 FMH 的特例，二者具有内在统一性。

第二节 投资能力研究综述

现代金融理论蓬勃发展，关于机构投资者的研究亦亮点纷呈，且方兴未艾。调查显示，与个人投资者相比，机构投资者花费更多时间进行投资分析。既有研究结果大多支持机构投资者作为专业投资者的观点，认为机构投资者能够减少市场波动，提升市场定价效率。开放式基金作为机构投资者的中坚力量，其专业投资能力越来越成为研究的焦点和热点。

一 投资能力概念体系研究

（一）投资能力的内涵

对开放式基金投资能力的关注最早可追溯至 Fama（1972）的研究。他将投资能力分解为两种预测能力：一是微观预测（Microforecasting）能力，指基金管理人选择内在价值被高估或低估的股票的能力，即选股能力；二是宏观预测（Macroforecasting）能力，指基金管理人把握证券市场总体价格走势的能力，即择时能力（见式（2－1））。Fama 将投资能力简单等同于选股择时能力，这几乎是对投资能力的最早定义，也是在学术界影响较大的一种定义。可以发现，该定义的不足在于未对行业配置和市场选择给予足够的重视。

$$投资能力 = 选股能力 + 择时能力 + \varepsilon_0 \qquad (2-1)$$

BHB（1986）和 BSB（1991）则将投资能力视为资产配置能力。资产配置按调整方式及时间的不同可分为战略性资产配置、战术性资产配置和动态资产配置三种（见式（2-2））。战略性资产配置是指基金管理人根据投资目标和外部法律环境，确定配置的主要资产类型以及各资产类型所占的比例。战术性资产配置是指在较短的时间内根据对资产收益率的预测而对基金资产进行快速调整来获利的行为。动态资产配置是指随着市场变化，对资产配置比例进行动态管理，包括根据行情适时调整资产分配的比例，以及调整的方法和路径等。该定义实际上是在择时选股的基础上增加了动态资产配置，因此检验方法仍大致相同。

$$\text{投资能力} = \text{战略性资产配置能力} + \text{战术性资产} \atop \text{配置能力} + \text{动态资产配置能力} + \varepsilon_1 \qquad (2-2)$$

李学峰等（2009）认为，证券投资基金的投资能力就是其积极资产管理的能力。积极资产管理是指通过设计和调节投资组合中各类资产的权重与基准组合权重的偏离（而不是被动跟随或者复制基准组合），达到组合的收益率超过市场基准指数收益率的目的。其较早的研究也指出，资产的动态配置是通过资产调整和证券选择两种方式进行的。其中，资产调整是指基金管理人在风险资产和无风险资产之间的权衡，通过调整风险资产的持有比例来调整投资组合的风险；证券选择是指通过更换风险资产组合中的个股来调整风险资产的风险。本质上，这种定义与 Markowitz（1952）的资产选择理论是一致的。

本书认为，开放式基金的投资能力可分为标准能力（Standard Ability）和行为能力（Active Ability）。前者是指依据 Markowitz 均值—方差准则构建最优投资组合的能力，又可进一步分为个股配置能力、行业配置能力和市场配置能力；后者是指对投资组合进行动态管理的能力，保证投资组合总是处于有效前沿上（见式（2-3））。

$$投资能力 = 标准能力 + 行为能力 + \varepsilon_2$$
$$= 个股配置能力 + 行业配置能力 + \qquad (2-3)$$
$$市场配置能力 + 动态管理能力 + \varepsilon_3$$

考虑到法律限制，除 QFII 外，我国开放式基金只能在国内市场上进行资产配置，因此市场配置能力在现阶段通常难以体现。于是开放式基金的投资能力主要由三部分构成（见式（2-4））。

$$投资能力 = 个股配置能力 + 行业配置能力 + \qquad (2-4)$$
$$动态管理能力 + \varepsilon_4$$

在式（2-1）至式（2-4）中，ε 都是残差项，代表不予考虑或不可解释的部分，一般可假设 $\varepsilon_i \sim IID(0, \sigma^2)$，$i = 0,1,\cdots,4$。

式（2-4）即本书的投资能力概念模型。本书对开放式基金投资能力的分析框架是建立在该模型基础上的，其后的检验和提升策略均是基于该模型进行的。

（二）投资能力与投资业绩的区别

将能力与业绩进行严格区分，在企业管理领域已有研究涉及。王东清和罗新星（2010）就认为，企业能力理论是一个很好的透视和区分不同企业业绩差异的分析工具。但遗憾的是，开放式基金研究至今未对这两个概念做严格的界定和区分。这导致开放式基金的即时研究多是基于业绩而非能力的视角。我国开放式基金投资业绩存在波动幅度大、持续性不足等问题，如果继续以此作为研究出发点，在理论上较难获得突破，在实践上也难以获得有效指导。

基金的投资业绩通常是指基金实现的净值收益。在投资业绩披露形式上，不同监管体系的要求略有不同。美国证监会（SEC）要求基金披露过去 1 年、5 年、10 年的年平均复利表现，且须与相应的具有代表性的市场指数收益率做比较；美国投资管理与研究协会（AIMR）制定的业绩披露国际标准（AIMR – GIPS）要求披露过去至少 5 年的年收益率情况，以及与之相应的适合基准的收益率。我国对基金投资业绩的定义、计算、披露和应用等，主要因循了这些国际惯例。

本书认为，投资能力与投资业绩并非等同概念，并且既有的对投资能力的零星研究对概念内涵的理解与本书亦有显著差别。对开放式基金投资者而言，选择具有投资能力的基金比选择投资业绩高的基金更重要。开放式基金的投资能力和投资业绩可以从以下四个方面区分。

第一，在概念内涵上，投资能力属于时段概念，而投资业绩属于时点概念。投资业绩通常以基金在某一时点（比如季度末或年度末）的净值或风险调整收益（Risk-Adjusted Returns）来衡量。这导致投资业绩的计量结果不仅与评价方法有关，也与所选时点有关，这可能容易受到基金管理人短期利己行为的影响。已有研究指出，我国开放式基金的日收益率呈现"尖峰肥尾"现象，投资收益率短期波动更大。比较而言，投资能力考察基金管理人在较长投资期间对宏观经济、资产价格波动的持续把握能力，其衡量结果不会因为投资主体行为不同而存在显著差异。

第二，在计量上，投资能力是毛值概念，而投资业绩是净值概念。类似于财务分析中营业收入高低或增减要比净利润的高低或增减更能真实反映企业的经营状况，投资能力相比较而言更能反映开放式基金的资产管理结果。

对于特定的开放式基金，其投资能力与基金管理人对资产收益的预测有关，但投资业绩可能受到运气之类的非经常性损益的影响。剔除掉这些非经常性影响因素前后的差别大致等于基金费用。

基金费用主要包括申购费、赎回费、管理费、托管费等。[①] 有

---

① 在我国，开放式基金的其他费用还包括证券交易费用、基金信息披露费用、与基金相关的会计费和律师费、召开持有人大会费用等按照国家有关规定可列入运营费用的费用。

关基金费用对投资业绩的侵蚀，大量研究早有涉及。基金费用在短期内对基金业绩的影响并不显著，但如果将期限拉长，则最终影响程度大不相同（见表2-1）。一般认为，在投资能力大致相同的情况下，选择低成本的基金能够获得较高收益。

表 2 - 1 基金费用对基金业绩的影响

单位：美元

投资期限＼基金类型	累计收益（所有股利都进行再投资）		
	基金 A	基金 B	基金 C
初始投资	10000	10000	10000
5 年	17234	16474	15225
10 年	29699	27141	25196
15 年	51183	44713	41698
20 年	88206	73662	69006

注：基金 A 无销售费用，总运作费率为 0.5%；基金 B 无销售费用，总运作费率为 1.5%；基金 C 有 8% 的销售及股利再投资的费用，运作费率为 1%，基金的红利收益为 5%；各项基金的费前收益假设为每年 12%。

数据来源：博迪：《投资学》，朱宝宪等译，机械工业出版社，2003，第 126 页。

可见，投资能力、投资业绩和基金费用三者之间的关系，大致可用式（2-5）表示

$$投资业绩 = 投资能力 - 基金费用 + \varepsilon_5 \qquad (2 - 5)$$

相比较而言，我国开放式基金的费用更高，对业绩的影响也更大。[①] 在实际研究时，剔除该因素才能得到基金投资能力的真实信息。

[①] 我国基金公司收取固定比例的管理费，比例大小与基金类型有关。一般来讲，合格境内机构投资者（QDII）的基金管理费最高（约 1.8%），股票型和混合型基金次之（约 1.5%），指数型基金由于采用被动投资管理费较低（0.5% ~ 1%），债券型基金和货币型基金管理费最低（债券型基金为 0.7%，货币型基金为 0.33%）。管理费是基金管理人综合考虑基金收益率和管理难度之后要求的回报，按年计算，按日计提，按月结算。另外，投资者每年还要支付约 0.25% 的托管费。

第三，在考核方式上，投资能力以过程来评价，是动态概念，而投资业绩以结果来评价，是静态概念。投资业绩作为静态结果，通常总能与基金公司类型、基金经理个性特征、基金规模、基金费率结构等静态特征建立联系，可通过数理统计刻画其间的相关关系。投资能力虽然也受这些因素一定程度的影响，但更多地与基金管理人的资产配置有关，需要通过对投资组合进行深入分析才能显示出来。

第四，在考核角度上，投资能力是面向未来的评价，而投资业绩是基于历史的评价。投资业绩通常根据基金已实现的净值或风险调整收益来衡量。基金业绩持续性较差，国内外皆然，因此基于历史的评价结果并不能为未来提供指引。投资能力难以在一朝一夕内获得，亦难以在短期内体现出来。投资能力较好地刻画了基金管理人预测宏观经济变化和资产收益特性变动的能力。

二　投资能力影响因素分析

受认知水平、资产规模、信息处理能力等因素影响，我国大多数普通投资者的投资行为表现出非理性的特点，从而限制了其投资能力。相比较而言，基金管理人多由专业团队组成，个性特征相对较少，其他影响因素相对更多。

（一）资产配置

BHB（1986）最先使用业绩分解的方法，为揭示资产配置对基金业绩的影响提供了分析框架。他们使用美国 91 家大型养老金计划在 1974～1983 年的季度收益率数据，假设这些养老金计划只投资于美国国内发行的三种主要资产，即股票、债券和现金等价物。研究结果显示，平均而言，SAA 可解释基金收益波动中 93.6% 的部分（见表 2 - 2）。BSB（1991）随后使用 82 只大型养老金做样本，研究结果将这一解释比例调整为 91.5%。无论哪种结果，都充分证明了在投资过程中，确定资产类别和权重的作用要远远大于择时选股。

延续上述分析框架，Sharpe（1992）考察了 12 种资产类型的资产组合，结果发现，用三种类型资产就可以解释 97.3% 的基金收益波动率。该结论与 BHB（1986）和 BSB（1991）得到的结论大致相同。他的研究不仅再次证明了资产配置对投资能力的显著作用，而且为风格投资提供了理论基础。Ibbotson 和 Kaplan（2000）进一步将美国 94 只平衡基金 10 年的月度收益率和 58 只养老基金 5 年的季度收益率数据与其战略配置基准组合收益率进行回归，发现前者的平均解释程度 R^2 为 81.4%，而后者的 R^2 为 88%。检验结果虽然略低于 BHB（1986）和 BSB（1991）得到的结果，但仍支持他们的结论。

国内对基金业绩分解的研究也得到了类似结论，同样表明资产配置对投资业绩具有决定性影响。

张雪莹（2005）以我国的封闭式基金和开放式基金为研究对象，度量了 SAA 和 TAA 对基金收益的影响。研究结果表明，SAA 对开放式基金收益随时间变化和不同基金之间绩效差异的解释程度分别达到 77.8% 和 58%，TAA 仅对封闭式基金收益沿时间变化具有较高的解释程度，达到 74.6%。蒋晓全和丁秀英（2007）、葛勇（2010）、唐松莲和许友传（2010）研究发现 SAA 对基金业绩的贡献度分别为 81.29%、79.75% 和 80%，同样证明资产配置对基金业绩具有关键作用。

（二）基金经理

基金经理是基金管理的具体执行人员，有广义和狭义之分。广义的基金经理指基金管理人中直接或间接处理基金管理事务的人员，狭义的基金经理指基金管理公司中直接负责基金操作的人员。基金经理通常在基金招募说明书中明示。一名基金经理一般只能管理一只基金，但一只基金可由多名基金经理共同管理。

表 2 - 2 国内外研究汇总

研究文献	研究样本	SAA 对基金实际收益波动的平均解释程度 R^2
BHB,1986	1974～1983 年共 91 只养老基金的季度数据	93.6%
BSB,1991	1978～1987 年共 82 只养老基金的季度数据	91.5%
Sharpe,1992	12 种资产类型	97.3%
Ibbotson,Kaplan,2000	1988～1998 年 94 只基金的月度数据	共同基金:81.4% 养老基金:88.0%
张雪莹,2005	2000.3～2005.3 共 54 只封闭式基金和 2002.3～2005.3 共 37 只开放式基金的月度收益率	77.8%
蒋晓全和丁秀英,2007	2000.3～2006.9 共 51 只封闭式基金和 14 只开放式基金的季度数据	81.29%
葛勇,2010	2006.1～2009.1 共 39 只混合型基金的季度数据	79.75%
唐松莲和许友传,2010	2004.6～2008.3 共 61 只股票型基金的季度面板数据	80%

资料来源:作者自行整理。

基金经理是基金运作的核心人物,对基金业绩具有重要影响。从市场实践和实证检验结果看,明星基金经理往往是基金投资者选择基金的重要参考。这使得相当多的学者专门挖掘基金经理个人特征与基金业绩之间的关系。

关于基金经理对基金业绩的重要作用,国内外已有较多研究成果。Chevalier 和 Ellison(1999)实证研究发现控制了基金投资风格后,优秀院校毕业生掌管的基金的业绩相对更高。基金经理与基金业绩间的静态对应关系在其后的相关研究中也获得了支持。Khorana(2001)则从动态角度研究了基金经理变更与基金业绩之间的关系,结果表明,新基金经理难以获得相对业绩比较基准的显著超额业绩。国内研究得到的结论略有不同。唐松莲和许友传(2010)、高金窑和张晓雪（2012）最新的实证研究都表明，基金经理对基金业绩的贡献度不大，没有发现基金经理特征影响基金预测能力的证据。

我国基金经理总体比较年轻，对基金业绩的影响不是十分显著（见表2-3）。很多基金经理的独立性不足，基金的资产配置常常是团队决策的结果。① 这使得基金经理与基金业绩之间的关系并不像国外实证研究揭示的那么紧密，更多的只是一种形式概念上的因果联系。因此，本书没有延续这一研究方向，搁置了对基金经理静态特征与投资能力之间关系的讨论。并且本书以广义的基金管理人来代替基金经理，重点考察基金管理人的资产配置行为和结果。

表2-3 在职基金经理的平均任职年限

单位：年

设立日期	股票型	混合型	债券型	全部类型
2001	2.53	2.71	—	2.64
2002	3.26	2.51	5.26	3.06
2003	2.36	3.21	2.98	2.94
2004	4.19	2.68	0.68	3.03
2005	3.17	3.12	2.35	2.90
2006	2.59	2.66	2.53	2.56
2007	2.37	2.36	2.39	2.39
2008	1.95	1.89	2.53	2.19
2009	1.82	1.70	2.05	1.87
2010	1.17	1.26	1.00	1.15
全部时间	2.03	2.45	2.16	2.16

注：如果一个基金有多个基金经理，则按任职时间最长的计算；全部类型基金还包括保本型、货币型和QDII三类，本书未一一列示。

数据来源：华安基金《2001~2011开放式基金十年报告》。

---

① 包括杨朝军教授、陆家教授在内的学者研究发现，我国基金经理对基金业绩的影响十分有限——基金经理并没有太多的独立自主运作资金的权力，基金的投资决策很大一部分是由基金公司决策层做出的。一位北京的基金经理表示，他能够决定的资金仓位仅是公司投资决策委员会确定后的上下10%以内。见沈爱华《基金业赢利十年一场空》，《商务周刊》2009年第9期。

（三）投资风格

投资风格指基金管理人在资产管理过程中采用的某一特定投资方式或投资目标，或基金管理人基于投资理念的基金产品市场定位选择行为的特征。风格投资指基金管理人按照风格资产而非单只证券进行资产配置的投资方法，或指在不同属性证券之间进行资产配置的投资理念或投资策略，也可认为是基金管理人将投资组合限制在于某一市场异象相对应的子市场中的一种新兴投资哲学。投资风格既是基金份额持有人风险偏好的反映，也是基金管理人信念的反映。

开放式基金的投资能力受投资风格影响。Sharpe（1992）发现基金业绩波动的90%可由投资风格决定。Wermers（2000）的研究也发现基金的投资风格会对业绩产生重要影响。不仅如此，Brown和Harlow（2003）还发现投资风格一致性程度高的基金能取得更好的投资业绩。国内研究也支持上述结论。

但是，国内开放式基金的投资风格趋同现象比较严重，投资风格漂移更是较为普遍的现象。投资风格漂移对基金业绩有影响，国内外皆然。投资风格漂移除了与信息不对称、委托代理关系有关以外，与基金管理人的认知和行为亦有重要关系。市场的惯性效应、投资者的羊群行为与过度自信（Overconfidence）等，都会对投资风格的形成造成影响，这为投资风格漂移提供了新的解释理论。

投资风格是风格投资的结果，是风格资产配置的反映形式，也是影响基金投资能力的一个中间变量。本书直接从资产配置结果入手，放弃了对投资风格的复杂讨论。

（四）制度环境

制度环境也是影响开放式基金投资能力的因素之一。

基于公司治理理论，开放式基金存在双重委托—代理关系，分别是基金投资者与基金公司之间的委托—代理关系、基金公司与基金管理人之间的委托—代理关系。由于委托人无法观察代理人能否勤勉尽责地管理基金，更无法判断代理人的投资能力及努力程度，因此只能观察一些代理变量。在信息不对称的情况下，需要适当的制度和激励机制的设计，使代理人能完全发挥其主观能动性。可供观察的中间变量有很多，其中重要的是申购赎回制度、费率结构、基金管理人薪酬结构和薪酬水平等。

基金费率高低和计提方式等，本质上是对基金管理人的激励制度之一。我国目前采取的是固定费率制，使得管理费与基金的盈利能力、经营能力及分红多少并不成正比，因此未能对基金管理人起到应有的激励或约束作用。与此不同，美国的共同基金虽然也规定一个固定的管理费率，但在基金超过一定规模时可以将管理费率调低一定比例。这种模式沿袭了固定费率制，但又具有一定的弹性。

Elton 等（2003）发现，具有业绩报酬的基金表现出正的选股能力，且风险倾向更高。但我国开放式基金现阶段实行的单一固定费率制过度保护了基金管理人的利益，无法形成有效的激励约束机制，并可能产生操纵基金净值、内幕交易、关联交易等道德风险（Moral Hazard），而且缺乏风险分担机制，是一种效率较低的制度安排。

当然，制度环境对投资能力的影响并非恒定的，在不同的市场行情下，可能会表现出不同的结果。林树等（2009）的研究就表明，在牛市中开放式基金的选股择时能力均显著差于封闭式基金，在熊市中开放式基金的选股能力要显著强于封闭式基金，但二者的择时能力没有显著差异。

制度设计，特别是进一步完善开放式基金的相关制度，也是提升投资能力的途径之一。

（五）其他因素

基金资产规模、杠杆比率、基金管理人资产选择范围、运气等，也是影响投资能力的因素。比如高金窑和张晓雪（2012）的研究就指出，基金规模对选股能力具有负面影响。一份针对 QDII 的研究显示，基金管理人能在不同市场上实施差异化的资产配置，对冲系统性风险，因此体现了更好的投资能力。运气对投资能力亦有影响。申宇和吴玮（2011）以我国 331 只偏股型开放式基金为研究对象，对基金的超额收益进行检验，实证发现明星基金的溢价并非来自基金管理人的选股技术，而仅仅是碰上了好运气。此外，开放式基金的投资能力还体现在对新股认购的判断上。新股发行普遍存在抑价情况，这也会对开放式基金的资产判断造成较大影响。

但是，上述这些因素对投资能力的影响均不如资产配置的影响那么大。加上这些因素难以量化，且属于基金管理人难以控制的外部因素，本书对此不做深入讨论。

本书对开放式基金投资能力的相关研究均建立在行业制度完备完善的假设前提下，即认为行业充分竞争，基金管理人的行为均是正当的、合法合规的。尽管该假设在当前未必完全成立，但笔者坚信基金市场会逐渐向好的方向发展，并最终达到比较理想的制度环境状态。

三　投资能力测算与检验

（一）标准资产配置能力测算与检验

既有研究将投资能力与投资业绩等同对待，因此对投资能力的测算和检验在传统上主要是针对投资业绩进行的。

对开放式基金投资业绩的评价主要有两类方法，一类是参数法，另一类是非参数法。自 20 世纪 90 年代以来，对基金业绩评价的参数法主要以三大经典单因素模型为代表：夏普指数（Sharpe，1966）、特雷纳指数（Treynor 和 Mazuy，1966）和詹森指数（Jensen，

1968）。其后发展的评价指标还包括估值比率（Goodwin，1998）、M^2 测度（Modigliani 和 Mordigliani，1997）、M^3 测度（Muralidhar，2000）等。上述评价方法虽然都对风险度量进行了调整，但也都建立在业绩比较基准和 EMH 基础之上，因此受到了持续、普遍的质疑。

以夏普指数为例，其评价思想建立在 CAPM 理论基础之上，即假设资本市场是有效的。它要求资产收益率序列服从（联合）正态分布，且市场无摩擦。但在实践中，即便在发达资本市场中，市场有效也是一个过于严格的假设，在新兴市场中更难以成立。[①] 这使得由此得到的评价结果极不科学和可靠。此外，该方法得到的结果还依赖于业绩比较基准，并且与时间区间的选择有关。[②]

Admati 和 Ross（1985）以詹森指数作为业绩评价方法的研究也指出，该方法存在难以体现基金管理人的选股与择时能力的问题。

其后的业绩评价方法开始由单因素模型转向多因素模型，主要成果包括 T－M 模型（Treynor 和 Mazuy，1966）、H－M 模型（Henriksson 和 Merton，1981）和 FF3 模型（Fama 和 French，1993）。多因素模型在一定程度上对单因素模型进行了改进，但仍存在不

---

① 研究表明，金融危机前，我国市场有效性显著降低，金融危机后，市场有效性又开始上升。同时，如果取较短的时间窗口宽度，市场在大部分时间段内弱式有效，随着样本时间窗口长度的增加，市场趋于拒绝弱式有效性。详见高睿等（2012）。

② 举例来说。假设基金业绩比较基准为市场指数，其夏普指数恒为 0.4。考察一个两年期的投资组合，假设在前一年内，基金管理人采取低风险策略，实现超额收益 1%，标准差为 2%；在后一年内，基金管理人采取积极投资策略，实现超额收益 9%，标准差为 18%。可知在每一年中，投资组合的夏普指数均为 0.5，优于市场指数，基金管理人在两期内都战胜了市场。但如果改变考察期间，进一步假设基金管理人在前四个季度每季度的超额收益（以年化收益率表示）分别为 －1%、3%、－1% 和 3%，后四个季度每季度的超额收益分别为 －9%、27%、－9% 和 27%。此时以整个两年期为考察期，投资组合的超额收益变为 5%，标准差为 13.42%，夏普指数降至 0.37，低于市场指数。

足。其要求影响基金业绩的各相关因素必须事先全部被识别出来，这在现实中难以操作；在实证检验时，业绩评价结果对因素选择十分敏感，而因素选择恰恰受到研究者个人主观判断的影响；多因素模型同样无法规避业绩比较基准选取的弊端。正因为如此，单因素模型和多因素模型孰优孰劣，至今尚无定论。

国内对基金业绩评价方法的研究大致延续了国外的分析模式，评价结果同样被证明受方法选择的影响较大。张文璋和陈向民（2002）考察了由 4 种基本模型、3 种因素基金组合、9 种市场指数和 5 种无风险收益率组合成的 540 种基金业绩评价方法，发现评价方法的选择对评价结果有很大影响，其中基本模型、业绩比较基准和市场指数对评价结果具有决定性的影响，而无风险收益率对评价结果的影响则相对较小。另外一些学者则试图对既有的单因素或多因素模型进行适当改进。

上述参数评价法都建立在 EMH 基础之上，且需要选择合适的业绩比较基准。当市场有效性程度不高时，上述方法得到的结论的可靠性存疑。

非参数评价法中，数据包络法（DEA）的产生较早。DEA 利用优化技术和数学规划模型，对多输入、多输出决策单元（DMU）之间的相对有效性进行检验。相对于参数法，DEA 无须假设市场有效性和选择基准组合，且无须假定投入产出之间的特定函数变化关系。赵秀娟和汪寿阳（2007）运用 DEA 方法对我国 24 只开放式基金和 54 只封闭式基金在 2004 年和 2005 年的相对业绩进行了比较分析，结果显示多数基金处于无效状态，基金业绩不存在明显的持续性和规模效应，但投资风格和业绩之间具有一定的相关性。

DEA 方法的不足在于，它以开放式基金自身为参照对象。当基金投资能力整体偏低时，该方法无法准确识别；另外，该方法也无法揭示研究对象之间的相互比较结果。

如前所述，投资能力与资产配置有关，资产配置则由投资组合体现出来。投资组合包含丰富的信息，因此有学者提出，对投资能力的检验可从分析投资组合入手。

Cornell（1979）较早提出了一种基金投资能力评价方法，称为事件研究测度法（Event Study Measure，ESM）。ESM 的基本思想是，某资产被专业投资者纳入投资组合时的收益要高于没有被纳入投资组合时的收益，通过考察持股比重的变化即能够判断基金管理人的资产配置能力。因此可先计算资产收益在事件期（Event Period）和比较期（Comparison Period）的差异，获得组合权重和组合中每项资产随后收益之间的协方差总和的估计值，然后对其进行显著性检验。

ESM 同样无须选择业绩比较基准，因此与单因素或多因素模型相比是个较大的改进。但 Grinblatt 和 Titman（1993）随后指出，ESM 由于需要估计风险资产的预期收益，可能面临样本生存偏差（Survivorship Bias）。在此基础上，他们提出了一种改进的方法，称为组合变动测度法（Portfolio Change Measure，PCM）。本书第四章详细介绍该方法，并利用其检验我国开放式基金的投资能力。此处不赘述。

开放式基金投资能力的测算方法可总结如图 2-2 所示。

（二）动态资产配置能力测算与检验

Markowitz（1952）提出的均值—方差分析框架最早为静态资产配置问题奠定了理论基础。Li 和 Ng（2000）首先将静态分析方法推广到动态层面。他们都假设风险资产各期收益是独立同分布（Independent and Identically Distributed）的。

广义的动态资产配置包括战术性资产配置，即通过预测行情走势适时调整资产配置比例。狭义的动态资产配置仅是一种投资理

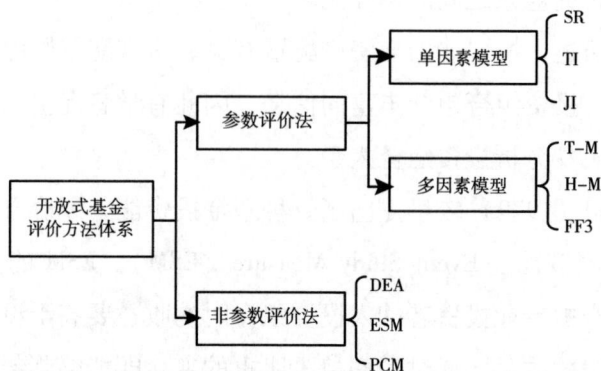

图 2 - 2　开放式基金评价方法体系

念，包括购买持有策略（Buy and Hold Strategy）、恒定混合策略
（Constant Mix Strategy）和恒定比例投资组合保险策略（Constant
Proportion Portfolio Insurance Strategy）。购买持有策略是指构建最优
投资组合后，长期持有原始投资组合，无论投资组合中资产的风
险—收益特征发生怎样的变化，基金管理人都不主动调整资产配
置的类型与比例。恒定混合策略是指最优投资组合确定后，各类
资产的持有比例在长期内保持不变，当资产市场价值发生变化时，
买卖相关资产以保证投资组合中预先设定的持有比例不变。恒定
比例投资组合保险策略需要投资者在期初根据自身的风险偏好和
承担能力，设定最低资产价值和风险决定乘数，其后无论风险资
产如何变化，投资组合都保证不会低于基本投资组合的最低资产
价值。

　　对动态资产配置策略的绩效进行检验，曾令波（2003）采用
标准差度量风险，使用夏普指数作为绩效衡量的指标，研究发现，
购买持有策略的业绩最差，其次是恒定比率投资组合保险策略，业
绩最好的是恒定混合策略。邢天才（2008）使用下偏风险
（Downside Risk）作为风险衡量指标，然后用 2002 年 5 月至 2007

年 6 月的月度数据进行实证研究，发现购买持有策略优于恒定混合策略和恒定比例投资组合保险策略，且各策略的有效性与具体的市场环境有关。

基于动态资产配置的上述定义，动态资产配置能力通常被简单等同于市场时机把握能力，是指基金管理人根据市场行情的变化，将资金在风险资产和无风险资产之间进行分配，以便抓住市场机会，获得更大绩效的能力。

按照该定义，Treynor 和 Mazuy（1966）最早提出 T－M 模型来测算基金管理人的动态资产配置能力。T－M 模型建立在经典 CAPM 模型基础之上，通过在证券特征线（Security Characteristic Line，SCL）方程中加入二次项来考察择时能力，即

$$R_{pt} - R_{ft} = \alpha + \beta_1(R_{mt} - R_{ft}) + \beta_2(R_{mt} - R_{ft})^2 + \varepsilon_{pt} \quad (2-6)$$

其中 β_2 是对动态资产配置能力的测度。

在 T－M 模型的基础上，Henriksson 和 Merton（1981）通过引入一个虚拟变量来考察基金管理人的动态资产配置能力，提出了更为简单的 H－M 模型

$$R_{pt} - R_{ft} = \alpha + \beta_1(R_{mt} - R_{ft}) + \beta_2(R_{mt} - R_{ft})D + \varepsilon_{pt} \quad (2-7)$$

上述模型需要挑选市场基准组合，测量结果受基准组合的影响很大，因此在应用上存在局限性。基于此，Fama 和 French（1993）在 APT 模型的基础上，利用 FF3 模型对其进行了改进，得到了 TM－FF3 模型和 HM－FF3 模型

$$\begin{aligned} R_{pt} - R_{ft} = {}& \alpha + \beta_1(R_{mt} - R_{ft}) + \beta_2(R_{mt} - R_{ft})^2 + \\ & \beta_3 R_{SMB} + \beta_4 R_{HML} + \varepsilon_{pt} \end{aligned} \quad (2-8)$$

$$\begin{aligned} R_{pt} - R_{ft} = {}& \alpha + \beta_1(R_{mt} - R_{ft}) + \beta_2(R_{mt} - R_{ft})D + \\ & \beta_3 R_{SMB} + \beta_4 R_{HML} + \varepsilon_{pt} \end{aligned} \quad (2-9)$$

　　该模型被证明能够显著提高解释力。

　　如果将择时能力作为动态资产配置能力的衡量指标，国内早期的研究多支持不具备动态资产配置能力的观点。常嵘（2010）应用 H－M 模型及其扩展对我国 83 只开放式基金进行检验，结果表明我国开放式基金普遍缺乏动态资产配置能力。张文博等（2011）对我国 68 只开放式基金进行检验，发现均不存在择时能力。

　　另有一些关于动态资产配置的研究开始关注资产的相关性问题。已有研究证明，股票短期收益率和长期收益率均存在显著的序列相关性。此时，动态资产配置问题变得更加复杂。许云辉和李仲飞（2008）借鉴前人的研究成果，将一般的序列相关性引入动态均值—方差模型中，深入探讨了最优投资组合的选择问题。他们利用嵌入法将均值—方差模型转换为一个等价的二次效用函数模型，为研究收益序列相关性对资产配置的影响提供了一般分析框架。此时选择测量模型，可用 Kalman 滤波方法构造随机游走的时变 β 系数来替代传统的固定效应系数，或者将该方法与 T－M 模型相结合。

　　综合来看，在实证检验结果方面，国外研究虽然使用不同的理论和方法，但获得了较为一致的结论，即基金管理人无法战胜市场获取超额收益。使用类似的方法，国内研究得出的结论却并不统一。在考察标准资产配置能力时，早期的研究采用业绩比较基准的方法，指出证券投资基金经风险调整后的业绩优于市场平均水平。其后的研究则得到了相反的结论。动态资产配置方面，结论比较一致，即开放式基金并未显示出动态资产配置能力。在随后的章节中，本书将进一步检验我国开放式基金的标准配置能力，即考察是否具有个股配置能力和行业配置能力；对于动态资产配置能力，本书同意既有的研究结论，即认为开放式基金的动态资产配置能力不足。

第三节 投资组合与资产配置

一 投资组合与有效前沿理论评述

现代投资组合理论（MPT）由 Markowitz（1952）所开创，并由 Tobin（1958）、Sharpe（1964）、Fama（1970）、Merton 等（1973）、Ross（1976）等进一步发展和完善。

MPT 是现代投资理论和实践的重要成果。它建立在 EMH 的基础上，最初仅考虑证券数目不变的情况，并认为资产特性稳定。其后，基于对 EMH 的质疑和反思，对 MPT 的进一步深入研究大致沿着两个方向进行。其一，使用其他方法重新刻画资产的风险—收益特征，并兼顾收益与风险的相互影响关系。产生的代表性成果主要包括均值 – VaR 模型、均值 – CVaR 模型、均值 – DCC – GARCH 模型等。这些研究为资产配置优化问题提供了新的思路。其二，随着资产选择范围的扩大，另一些研究开始专门考虑证券品种和数量发生变化时的投资组合构建问题。有效证券[①]品种和数量的变化对资产配置有重要影响，原因在于：首先，它可能改变作为随机向量的价格和收益率的维数，进而可能改变协方差矩阵的维数；其次，它可能使原有的收益相关结构发生变化。这会造成有效前沿发生漂

[①] 有效证券概念的提出归功于侯为波和徐成贤。给定一个证券集 I，若增加（或减少）一个证券，不改变该证券集的 M – V 有效前沿，则称该证券为证券集 I 的无效证券，否则称为有效证券。进一步，若证券 i 与 j 均为有效证券，当 i 与 j 的增加（或减少）对证券集 I 的 M – V 有效前沿影响相同时，称 i 与 j 为等效证券，称影响较大者为强有效证券，称影响较小者为弱有效证券。侯为波、徐成贤：《证券组合 M – V 有效边缘动态分析》，《系统工程学报》2000 年第 1 期。

移，最优投资组合（包括市场组合 *M*）也可能因此而改变。

国内外对证券数量增减的研究大致沿着三个维度进行。其一，考虑无风险资产存在或不存在的情况；其二，考虑证券市场允许卖空或不允许卖空的情况；其三，考虑有效证券的增减对其他证券扰动（Perturbation）或不扰动的情况。有些研究专门解决其中某一方面的问题，比如 Szego（1980）的研究为允许卖空提供了较好的借鉴。另外一些研究则同时考虑某两种因素，比如无风险资产存在或不存在时，有效证券增减对原证券的统计性质是否造成扰动。

国内相关研究可总结如表 2-4 所示。

上述对最优投资组合和有效前沿漂移的研究，不断深化了 MPT 的内涵。但是，现有研究仍是在标准金融理论的范畴内进行的，较少与其他理论成果相结合。再加上对行业配置关注较少，不能不说是个缺憾。

二　风格投资和行业配置

国外对风格投资的研究始于 20 世纪 70 年代，与市场有效性研究密切相关，同时也与金融投资实践密切相关。

风格投资的出现源于对 EMH 的质疑和金融异象的存在。在风格投资研究中，风格资产分类、风格资产配置行为和风格资产轮换策略是研究的三个主要方面。

对风格资产的分类主要有两种方法，一种是基于特征的风格资产识别方法（Holding Based Style，HBS），另一种是基于收益的风格资产识别方法（Return Based Style，RBS）。

前者是将某个时点市场上所有股票分别按照某几项特征（如市值、账面市值比、历史收益率等）进行分类。不需要太复杂的算法和模型，仅需要做单一的证券分类，并按照统一的框架来确定

表 2 - 4　国内有效前沿漂移研究汇总

		加入 k 种证券		剔除 k 种证券	
		扰动	不扰动	扰动	不扰动
存在无风险资产	允许卖空	杨杰和史树中（2001）；蔡晓钰等（2004）；吴祝武等（2007）	陈伟忠（1997）；侯为波和徐成贤（2002）	杨杰和史树中（2001）；吴祝武等（2006）	侯为波和徐成贤（1999）
	不允许卖空		张卫国和聂赞坎（2003）；蔡晓钰等（2003）		张卫国和聂赞坎（2003）
不存在无风险资产	允许卖空	侯为波和徐成贤（2000）；吴祝武和朱开永（2009）	侯为波和徐成贤（2000）；蔡晓钰和张卫国（2001a）；邓英东等（2003）；吴祝武和朱开永（2009）	侯为波和徐成贤（2000）	侯为波和徐成贤（2000）；蔡晓钰和张卫国（2001a）；邓英东等（2003）
	不允许卖空	蔡晓钰和张卫国（2001b）	蔡晓钰和张卫国（2001b）；丁海云等（2002）和蒋鲁敏（2002）	侯为波和徐成贤（2000）	张卫国等（2002）；丁海云和蒋鲁敏（2002）

资料来源：作者自行整理。

风格特征。后者根据资产收益率的最大敏感度来确定资产风格，最具代表性的方法是由 Sharpe 提出的十二因素模型。

由于风格资产的存在，基金无须按照标准金融理论执行严格的分散化策略，执行风格投资策略反而能获得更高的收益。当基金管理人预测某类股票预期表现良好时，就增加其在投资组合中的权重；如果预测某类股票前景不好，就降低其在投资组合中的权重。Farrell（1975）研究发现，只需要改变投资组合中增长类、周期类、稳定类和能源类股票的权重，就可能获取优于市场的超额收益。

在严格意义上，行业配置亦属于风格投资的范畴。越来越多的研究表明，行业配置是构建最优投资组合的重要步骤之一，对投资能力的重要影响同样不可忽视。各行业的竞争结构、演化规律、生命周期等各不相同，导致行业整体盈利能力、经营状况稳定性也各不相同。采取自上而下的或自下而上的投资组合构建策略，行业因素都是绕不过的关键步骤。

在分析和挖掘开放式基金的投资能力或投资业绩时，既有研究对公司特质的关注较多，而对行业特质的关注较少。实际上，股票价格包含了公司、行业和市场三个层面的信息。已有研究指出，个股收益波动率一部分可由公司特质信息（Firm-specific Information）解释，另一部分则由市场收益波动和行业收益波动解释。

最早关注行业配置的是 King（1966），其发现行业因素对股价行为具有显著影响。Livingston（1977）随后的研究提供了更有力的证据，指出行业因素可解释股票收益率波动中高达 26% 的部分。Roll（1992）认为指数构造方法、指数行业构成及汇率表现是造成不同国家指数回报率差异的三个主要原因，行业效应可以解释 40% 的股票收益率波动。在跨行业构建组合时，行业因子是影响组合截面收益的重要因子，行业配置对组合收益贡献的重要性甚至超过了区域配置。行业特性对投资收益的影响，首先在于行业竞争结构存在差异，其次也与行业所处的生命周期有关。

　　国内利用 A 股市场的相关样本和数据的研究同样表明行业选择是影响投资收益的重要因素，从而对行业配置给予了更多关注。陈乔和汪弢（2003）首先指出，资产配置中同样存在行业效应，基于行业组合惯性策略的超额收益高达 3.8%。范龙振和王海涛（2004）利用约束回归分析法对股票回报率月度数据的行业和地区效应进行了横截面和时间序列分析，发现在我国股票市场中不同行业之间的收益率存在显著差异。劳兰珺和邵玉敏（2004）对13 个行业指数收益率序列分阶段进行聚类分析，然后考察了不同行业间的相互关系及其演化过程，指出不同类型的行业配置有助于提升投资能力。熊胜君和杨朝军（2006）同样采用带约束的回归分析方法，对沪深两市 13 年的股票月收益率进行分析，结果表明中国股票市场均具有明显的行业效应，行业选择比个股选择更重要，采取自上而下的资产配置方式是合理可行的。鞠英利（2007）以沪深 300 指数股为基础选取了 141 只股票，分为增长类、周期类、稳定类和能源类四种风格类型，实证结果表明存在行业效应。

　　在行业因素与市场异象研究方面，Moskowitz 和 Grinblatt（1999）使用美国股市 1963~1995 年的月度收益率数据进行实证研究后指出，行业因素是惯性收益的来源之一。该研究发现，即使控制了公司规模、账面市值比等个股特质因素，执行行业策略仍然可以获得显著的正收益。这表明，基金管理人的资产选择行为受行业因素驱动，而非仅仅与个股特质因素相关。Grundy 和 Martin（2001）随后指出，在对资产配置的影响上，行业特征与个股特征几乎是平行和独立的。Lewellen（2002）进一步将行业因素与个股风格结合在一起，也得到了类似结论。

第四节 本章小结

基于对价格运行规律的不同刻画，对证券市场的认识经历了由浅入深、由线性到非线性的过程。市场非完全有效在理论和实践上基本获得了一致认可，非完全有效市场中的投资实践是进一步研究的焦点和热点。

开放式基金的投资能力与投资业绩并非等同概念。对二者的严格区分决定了在研究中须使用不同的分析框架、不同的实证方法，并且因此可能得到不同的检验结果。既然投资能力受资产配置的影响最大，而资产配置又以投资组合的形式表现出来，因此以投资组合为研究对象顺理成章。投资组合既是基金管理人行为模式的结果，也是其行为过程的表征，具有丰富的信息含量。结合经典金融理论和非线性科学理论和方法，将投资组合作为桥梁，从资产配置角度揭示开放式基金的投资能力现状，并提出提升投资能力的若干途径，正是本书接下来拟尝试完成的研究。

第三章 | 样本选择与数据采集

本章主要介绍拟在其后各章节使用到的研究样本及其选择依据，并对样本数据做规范性分析和预处理，所得结果将成为后文实证研究的基础。对这些数据的具体使用方法将在各相关章节中专门介绍。

如无特别说明，本书使用的数据均主要来自聚源数据库、国泰安数据库（CSMAR）、Wind 资讯终端、天天基金网等。数据预处理使用 Excel 2003，数据分析使用 Eviews 6.0、SPSS 17.0、R 语言等。

第一节 大盘指数数据采集与分析

应第二章关于 EMH 与 FMH 的讨论，本章首先考察大盘指数的波动特征，进一步从逻辑分析和数理统计上揭示市场运行的真实现状和内在规律。本节的目的在于还原我国开放式基金的生存环境。正如本书在随后章节展示的那样，该现实环境既是开放式基金投资能力不足的原因，同时也是开放式基金投资能力不足导致的结果。

如果市场是强式有效的，则指数收益率应服从正态分布。此时，指数的波动是连续的、温和的，超出某一范围的概率比较小。但在现实中，股市的暴涨暴跌常常发生，造成投资者的持仓或投资组合市值在短期内快速下跌，甚至可能引发诸如 2007～2008 年的全球金融危机，从而给整体经济带来灾难。

国内在实证研究时通常采用上证指数（SSE）作为我国 A 股指数的大致替代。上证指数是借鉴美国、日本、中国香港、中国台湾等国家和地区的股指编制方法而编制成的。它依据派氏加权指数编制原理①，采用市价总值加权方法得到，权数为股票发行量，计算公式为

$$本日股价指数 = \frac{本日市价总值（含 A、B 股）}{基期市价总值} \times 100 \quad (3-1)$$

上证指数自 1990 年 12 月 19 日开始编制，基期点数为 100 点，自 1991 年 7 月 15 日开始发布。

本书考察上证指数自 1990 年 12 月 19 日至 2012 年 12 月 31 日共 5397 个日收盘价，采用一阶差分得到 5396 个日收益率数据。其收益率分布如图 3-1 所示。由统计结果可知，该收益率序列的峰度是 431.24，偏度是 11.91。

因此，对上证指数的分析表明，市场是非有效和非线性的，市场风险常常被低估。不仅在新兴市场如此，在发达市场同样如此。这点可通过考察道琼斯平均工业指数（DJIA）在 1916～2003 年和上证指数在 1991～2011 年（共 5387 个交易日）的极值波动得到验证（见表 3-1）。②

---

① 编制指数通常有两种方法，一是采用基期物量，二是采用报告期物量。前者编制的指数称为拉式指数，后者编制的指数称为派氏指数。见宋光辉《管理统计学》第二版，华南理工大学出版社，2008，第 42～44 页。

② 除了考察极值的方法，中国股票市场的高风险还可以通过横向对比加以验证。以市场指数为例，1993～1999 年我国深圳股票指数的年均收益率为 21.47%，年收益率的标准差为 76.59%；上证指数同期的年均收益率为 11.55%，年收益率的标准差为 29.87%；而同期美国纽约道琼斯指数的年均收益率为 19.9%，但年收益率的标准差仅为 10.21%。这充分表明我国股票市场存在较大的系统性风险。

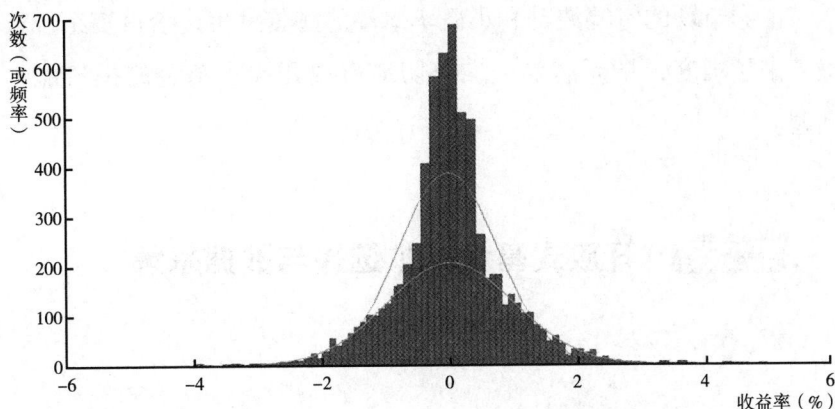

图 3 - 1 上证指数收益率分布图

表 3 - 1 中美股市的异常波动情况

风险阈值	美国（DJIA）（1916～2003 年）		中国（SSE）（1991～2011 年）	
	理论天数	实际天数	理论天数	实际天数
>3.40%	58 天	1001 天	759 天	458 天
>4.50%	6 天	366 天	277 天	265 天
>7%	1 次/30 万年	48 天/20 世纪	13 天	94 天

注：中国的数据剔除了 1992 年 5 月 21 日上证指数因沪市全面开放而大涨的异常值 105%。

资料来源：美国数据见曼德尔布罗特、赫德森：《市场的（错误）行为》，张新、张增伟译，中国人民大学出版社，2009，第 4 页，中国数据由笔者整理得到。

正如 Mandelbrot（2004）所言，一个自由的全球化的市场经济中的金融风险总体上被低估了。实际上，国内已有学者对上证指数与开放式基金资产配置的相关性进行了实证研究。他们选择上证指数 2005 年至 2008 年一季度的季度涨跌幅，以及 30 只开放式基金在此期间的资产配置数据，实证检验发现上证指数与基金资产配置的相关性不显著，基金在股票、债券、银行存款和清算备付金、其他资产上的投资比例并没有随着上证指数的变化而产生相应变化。

证券市场的宽幅波动和小概率事件的频繁发生，给投资组合管理带来了难度，从而需要更加密切地审视开放式基金的投资能力问题。

第二节 开放式基金样本选择与数据采集

一 开放式基金分类

（一）国外的开放式基金分类方法

对开放式基金实施分类，是为了更好地进行评价和管理。国外常见的基金分类模式有两种，一是 ICI 采用的事前分类模式，二是晨星公司采用的事前与事后相结合的分类模式。ICI 按照招募说明书对投资目标和投资策略的描述直接对基金进行分类。具体而言，先将基金分为股票、债券、股票债券混合型及货币市场基金四大类，然后按投资策略的不同进一步将大类基金进行细分为 33 个子类。晨星公司则根据基金事先设定的投资目标和实际公布投资组合的价值形态，判断基金的分类属性。

比较而言，ICI 与晨星公司的分类模式有异曲同工之处。二者的差别在于：首先，晨星公司的分类模式更侧重于对基金实际组合的分析与判断，而 ICI 的分类模式主要依据基金契约的约定与描述；其次，ICI 将股票基金区分为成长、收益和成长收益三种形态，而晨星公司将股票基金区分为成长、价值和成长价值混合型三种形态。收益与价值的区别在于基金谋求收益来源的方式不同，前者是获取投资收益，后者是获取资本利得。在美国证券市场上，价值型股票基本上都是收益型股票。

（二）我国的开放式基金分类方法

我国监管部门的基金分类模式与 ICI 较为接近。分类模式主要有两种，一种是中国证监会的分类，另一种是晨星中国的分类。

1. 中国证监会的基金分类方法

中国证监会的基金分类主要以基金招募说明书所确定的资产配置比例、业绩比较基准及投资目标为基础。基金招募说明书所确定的资产配置比例、业绩比较基准以及投资目标代表基金对投资者的承诺，对基金管理人未来的投资行为构成了基本约束。以此为依据进行基金分类，可以保证分类的稳定性与公平性。

（1）一级分类标准

我国开放式基金的一级分类标准以中国证监会颁布的《证券投资基金运作管理办法》[①] 为准。该办法第二十九条规定："（一）百分之六十以上的基金资产投资于股票的，为股票基金；（二）百分之八十以上的基金资产投资于债券的，为债券基金；（三）仅投资于货币市场工具的，为货币市场基金；（四）投资于股票、债券和货币市场工具，并且股票投资和债券投资的比例不符合第（一）项、第（二）项规定的，为混合基金；（五）中国证监会规定的其他基金类别。"

（2）二级分类标准

股票型基金：以股票投资为主，60% 以上的基金资产投资于股票的基金。

指数型基金：以某种指数的成分股为主要投资对象的基金。

[①] 《证券投资基金运作管理办法》（简称《办法》）经 2004 年 6 月 4 日中国证券监督管理委员会第 93 次主席办公会议审议通过，并根据 2012 年 6 月 19 日中国证券监督管理委员会令第 79 号公布的《关于修改〈证券投资基金运作管理办法〉第六条及第十二条的决定》进行修订。该《办法》分总则、基金的募集、基金份额的申购和赎回、基金的投资和收益分配、基金份额持有人大会、监督管理和法律责任、附则，共 7 章 54 条，自 2004 年 7 月 1 日起施行。

偏股型基金：以股票投资为主，股票投资配置比例的中值大于债券资产配置比例的中值，二者之间的差距一般在10%以上。差异在5%~10%者辅以业绩比较基准等情况决定归属。

股债平衡型基金：股票投资与债券投资的配置比例可视市场情况灵活配置，股票投资配置比例的中值与债券投资配置比例的中值之间的差异一般不超过5%。

偏债型基金：以债券投资为主，债券投资配置比例的中值大于股票投资配置比例的中值，二者之间的差距一般在10%以上。差异在5%~10%者辅以业绩比较基准等情况决定归属。

债券型基金：包括两类基金，一类是不进行股票投资的纯债券型基金，另一类是只进行新股认购但不进行积极股票投资的基金。

保本型基金：保证投资者在投资到期时至少能够获得全部或部分投资本金，或承诺一定比例回报的基金。

货币型基金：主要以货币市场工具为投资对象的基金。

2. 晨星中国的基金分类方法

晨星中国于2004年3月首度公布了对中国基金的分类方法，其后不断对分类方法进行细化和完善，并于2009年12月31日采用了新的分类标准（见表3－2）。

晨星中国对基金的分类建立在定量分析和定性分析的基础上，这与中国证监会的分类依据不同。晨星中国定量分析的数据来源于基金的投资组合数据，如果新基金至检测时点尚在建仓期，则暂时根据其招募说明书中关于投资范围和投资比例等规定进行分类。根据投资组合的数据，对基金的资产构成（包括现金、股票、债券和其他资产）进行分析，并统计最近三年各项资产的平均分布比例。其中，基金建仓期的投资组合数据不予考虑。上述投资组合的统计结果并不决定最终分类结果，还需结合相应的定性分析。

表 3 - 2 晨星中国开放式基金分类标准

大类	基金类型	说明
股票型基金	股票型基金	主要投资于股票类资产的基金,其股票类投资占资产净值的比例≥70%;且其股票投资占资产比例的下限≥60%
混合型基金	激进配置型基金	投资于股票、债券以及货币市场工具的基金,且不符合股票型基金和债券型基金的分类标准;其股票类投资占资产净值的比例≥70%
混合型基金	标准混合型基金	投资于股票、债券以及货币市场工具的基金,且不符合股票型基金和债券型基金的分类标准;其股票类投资占资产净值的比例<70%;其固定收益类资产占资产净值的比例<50%
混合型基金	保守混合型基金	投资于股票、债券以及货币市场工具的基金,且不符合股票型基金和债券型基金的分类标准;其固定收益类资产占资产净值的比例≥50%
债券型基金	激进债券型基金	主要投资于债券的基金,其债券投资占资产净值的比例≥70%,纯股票投资占资产净值的比例≤20%;其股票类投资占资产净值的比例≥5%
债券型基金	普通债券型基金	主要投资于债券的基金,其债券投资占资产净值的比例≥70%,纯股票投资占资产净值的比例≤20%;其股票类投资占资产净值的比例<5%,且不符合短债基金的分类标准
债券型基金	短债基金	主要投资于债券的基金,仅投资于固定收益类金融工具,且组合久期不超过3年
货币市场基金	货币市场基金	主要投资于货币市场工具,包括短期债券、央行票据、回购、同业存款、大额存单、商业票据等
保本基金	保本基金	基金招募说明书中明确规定相关的担保条款,即在满足一定的持有期限后,为投资人提供本金或收益的保障

注:固定收益类资产 = 现金 + 债券, 可转债 = 50% 股票 + 50% 债券。

二 样本选择

本书以揭示开放式基金的真实投资能力并寻求提升投资能力的途径为目的,以其投资组合为分析载体,先从静态上考察其资产配置的有效性对投资能力的影响，进而从动态上考察资产配置行为对投资能力的影响。

本书最终选择 2005 年 6 月前成立的股票型开放式基金为样本整体，从中选择若干基金为研究对象。样本区间选取 2006 ~ 2012 年共 7 年的长区间。[①] 之所以选择股票型开放式基金和长周期，原因主要有以下四点。

第一，从本质上看，开放式基金的投资能力属于积极资产配置能力，而积极资产配置行为主要体现在股票型基金中。股票型基金可进一步分为主动型基金和被动型基金两类。指数型基金属于后者，采取被动投资策略，跟踪某个指数。2006 年前成立的指数型基金共有 7 只，分别是华安中国 A 股增强指数（040002）、万家 180 指数（519180）、博时沪深 300 指数（050002）、融通深证 100 指数（161604）、易方达上证 50 指数（110003）、长城久泰沪深 300 指数（200002）和银华 - 道琼斯 88 指数（180003）。本书将其剔除。剩余的主动型基金以追求超额收益为目的，因此可作为检验投资能力的较好的样本。

第二，长期以来，我国股票市场与债券市场相比发展得更加完善，股票仍是基金资产配置的主要品种。虽然各类资产的配置在各个年份略有不同，但股票资产总体仍占据绝对比重（见表 3 - 3）。[②] 这导致在实证分析时要以偏股型基金为主，而且主要以分析其股票资产组合为主。

---

① 一般认为，对基金业绩进行评价时，样本期在 3 年以上结论才具可靠性，并且需要考虑数据频率及样本基金数目对评价结论的影响。见 Goetamann W. N. , J. Ingersoll Jr. , Ivkovic Z. , "Monthly Measurement of Daily Timers", Journal of Financial and Quantitative Analysis, 2000, 35 (3).

② 华安基金《2001 ~ 2011 开放式基金十年报告》显示，基金管理总资产的峰值出现在 2007 年大牛市时；配置股票、现金和权证的峰值都出现在 2007 年，分别为 24661.46 亿元、84.24 亿元和 597.66 亿元；配置债券资产的峰值出现在 2008 年，为 7042.77 亿元；配置其他资产的峰值出现在 2009 年，为 1354.46 亿元。

表 3 – 3 我国开放式基金持有的各类型风险资产比例情况

单位：%

年份	股票占比	债券占比	风险资产占比
2001	89.11	4.01	93.12
2002	84.70	12.75	97.45
2003	85.26	12.68	97.94
2004	47.22	41.73	88.95
2005	35.77	44.57	80.34
2006	65.00	22.10	87.10
2007	74.23	10.33	84.56
2008	46.80	35.80	82.60
2009	72.90	11.21	84.12
2010	73.76	12.96	86.72
2011Q3	65.62	17.69	83.31

注：风险资产占比 = 股票占比 + 债券占比。

数据来源：华安基金《2001～2011 开放式基金十年报告》。

第三，我国 2005 年 4 月开始的股权分置改革，是证券市场发展的分水岭和里程碑。股改的实施使各类股东利益分置、价格分置的问题不复存在，各类股东具有相同的上市流通权和股份收益权，二级市场价格开始真实反映上市公司价值并成为各类股东共同的利益基础。至 2007 年 12 月底股权分置改革基本完成，约 98% 的上市公司已完成或进入股改程序。

股改完成后，市场流通程度大大提升（见表 3 – 4）。考虑到社保基金持股，沪深两市的真实流通性已非常高，接近全流通。[①] 这为开放式基金自由实施资产配置提供了坚实基础，也为其充分显示

---

① 2009 年 6 月 19 日，财政部、国务院国有资产监督管理委员会、中国证券监督管理委员会和全国社会保障基金理事会联合下发的《境内证券市场转持部分国有股充实全国社会保障基金实施办法》规定，股权分置改革新老划断后，凡在境内证券市场首次公开发行股票并上市的含国有股的股份有限公司，除国务院另有规定的，均须按首次公开发行时实际发行股份数量的 10%，将股份有限公司部分国有股转由社保基金会持有；国有股东持股数量少于应转持股份数量的，按实际持股数量转持。

投资能力提供了可能。对开放式基金投资能力的考察自此才具有广泛的现实意义。

表 3 – 4　沪深两市流通市值变化

单位：亿元，%

时间	沪市			深市			沪深两市
	总市值	流通市值	流通市值占比	总市值	流通市值	流通市值占比	流通市值占比
2008H1	144508.33	42710.26	29.56	33701.38	17004.31	50.46	33.51
2008H2	97251.91	32305.91	33.22	24289.14	12997.11	53.51	37.27
2009H1	159107.69	65242.87	41.01	42513.27	26013.73	61.19	45.26
2009H2	184655.23	114805.00	62.17	59448.68	36537.07	61.46	62.00
2010H1	139065.89	94448.66	67.92	56072.84	32312.86	57.63	64.96
2010H2	179007.24	142337.44	79.51	86415.35	50772.97	58.75	72.76
2011H1	181250.70	147566.44	81.42	82963.64	53298.35	64.24	76.02
2011H2	148376.22	122851.36	82.80	66381.87	42069.94	63.38	76.79
2012H1	153189.31	126394.74	82.51	73019.97	46706.59	63.96	76.52
2012H2	158698.44	134294.45	84.62	71659.18	47363.81	66.10	78.86

数据来源：沪深交易所，作者自行整理。

第四，在现代经济理论中，能力与资源一样，属于主体的禀赋概念范畴。开放式基金的投资能力需要经过市场的洗礼和检验方能显现。我国开放式基金的建仓期基本为 3 个月，其后才进入正常的资产管理轨道。在理论研究上，样本区间有效长度通常要求更长（国外通常为 4 年左右）。2005 年 6 月前发行的基金大致满足上述要求。2006 年以后发行的基金存续时间相对较短，可用于检验的数据较少，可靠性不强，因此暂时不予选择。

基于上述考虑，本书以 2005 年 6 月之前成立的 137 只开放式基金为整体研究对象。然后剔除货币型、债券型、指数型基金，将最终得到的 77 只主动型基金作为研究样本，其中股票型基金 8 只、标准混合型基金 37 只、激进配置型基金 32 只。样本基金的基本情况见附录 1。

三　数据采集

（一）基金行业整体投资业绩

本书从多个角度探讨开放式基金的投资能力，其中之一即是行业的静态总体业绩的角度。本书希望从多个维度来展示开放式基金的投资能力现状，一方面能够深刻揭示本书讨论的中心问题，另一方面有助于寻求其解决路径。

不同的统计结果均反映了同一个事实，即基金份额持有人在过去十年的收益难言满意（见表 3－5 和表 3－6）。以 2008 年为例，基金行业在短短一年内，几乎将之前多年的辛苦积攒损失殆尽。其后整个行业虽略有盈余，但相比基金份额持有人其他各方所得到的

表 3－5　基金行业历年盈亏状况

年份	基金数量（只）	盈亏总额（亿元）	数据来源
2002	67	－36.35	杨大泉（2004）
2003	104	9.29	杨大泉（2004）
2004	153	－67.54	王年华（2005）
2005	206	117.23	康海荣（2006）
2006	287	2708.16	吴学安（2007）
2007	342	11700.00	郑焰和周宏（2008）
2008	456	－15009.68	沈爱华（2009）
2009	507	9107.95	张圣贤（2010）
2010	656	1149.04	朱赟（2011）
2011	971	－5004.26	王亮（2012）

资料来源：作者自行整理。

回报，仍极为有限。无论是收取管理费的基金公司，还是收取托管费的商业银行，抑或是分享佣金支出的券商，都获得了丰厚的回报。显然，该结果与行业整体投资能力不足及激励制度不完善有较大关系。前者正是本书要揭示的问题，后者在本书中较少论及，但激励制度对开放式基金行业发展的影响亦不容忽视。

表 3 - 6 基金各方盈利

单位：亿元

年份	基金利润	管理费	托管费	佣金支出
2001	- 109. 42	10. 95	1. 89	0. 95
2002	- 108. 61	14. 27	2. 45	1. 42
2003	233. 79	19. 32	3. 37	2. 71
2004	- 67. 54	35. 29	6. 17	4. 25
2005	117. 25	41. 63	8. 01	4. 55
2006	2714. 34	57. 04	10. 54	11. 77
2007	11113. 21	283. 82	48. 40	59. 85
2008	- 14994. 27	306. 93	53. 74	44. 31
2009	9105. 73	285. 73	50. 39	69. 35
2010	50. 69	302. 34	53. 31	64. 13
2011（中期）	- 1254. 54	149. 22	26. 56	31. 72

数据来源：华安基金《2001～2011 开放式基金十年报告》。

（二）样本基金资产配置情况

样本基金的资产配置情况见附录2。

由样本基金资产配置的描述性统计结果可知，在各个季度末，77 只样本基金中股票资产配置占比的最大值均在 90% 以上，最小值除熊市阶段末外，其他时段都在 35% 以上。股票资产占比平均多在 70% 以上，标准差在 10% 左右（见表 3 - 7）。该结果再次表明股票资产是开放式基金配置的主要资产，亦是影响其投资能力的主要因素。

表 3 – 7 股票市值占基金净值比描述性统计

单位：%

时间	最大值	最小值	平均值	标准差
2006Q1	94.75	54.18	77.23	9.78
2006Q2	94.79	40.91	76.63	10.99
2006Q3	94.37	55.82	75.39	10.04
2006Q4	94.15	47.19	76.09	10.85
2007Q1	94.51	46.18	75.81	10.80
2007Q2	94.20	35.28	73.80	11.57
2007Q3	94.66	36.47	74.57	12.09
2007Q4	93.69	44.62	73.81	9.14
2008Q1	93.51	49.22	71.09	10.32
2008Q2	93.21	27.62	67.12	11.72
2008Q3	92.16	6.88	62.13	13.28
2008Q4	90.22	2.51	59.61	14.48
2009Q1	90.37	2.34	67.46	15.46
2009Q2	94.74	37.48	75.24	11.38
2009Q3	94.40	41.23	71.79	10.44
2009Q4	94.93	49.31	77.82	9.98
2010Q1	94.98	48.40	75.50	10.19
2010Q2	92.67	38.77	66.31	12.37
2010Q3	94.58	52.79	75.25	10.12
2010Q4	94.39	57.64	77.65	9.89
2011Q1	94.30	46.82	75.93	10.99
2011Q2	94.77	45.64	75.18	11.01
2011Q3	94.83	43.19	71.72	11.92
2011Q4	94.63	39.96	72.77	11.29
2012Q1	94.15	48.62	72.43	10.70
2012Q2	94.31	45.75	73.51	10.26
2012Q3	94.97	46.13	71.69	10.75
2012Q4	94.25	54.55	75.26	8.89

行业样本选择与数据采集

一 行业分类

行业分类的方法较多，结果各异。比如可根据行业竞争情况分为完全竞争行业、垄断性行业和寡头垄断行业，可根据波动性特征分为周期性行业和非周期性行业。

杨朝军等（2004）认为可将行业分类标准划分为两种类型，即管理型和投资型，分别用于政府宏观经济管理统计和证券投资活动。目前，国内外的管理型行业分类标准主要有联合国国际标准产业分类（ISIC）、北美行业分类系统（NAICS）、中国国家统计局国民经济行业分类标准和中国证监会《上市公司行业分类指引》。投资型行业分类标准主要有两个，分别是由摩根斯坦利资本国际（MSCI）和标准普尔联合发布的全球行业分类标准（GICS）和伦敦金融时报指数系列（FTSEIS）。

国内行业分类标准大致可分为四类：一是证监会发布的分类标准；二是以证监会分类标准为基础，对其稍加修改形成的分类标准，以深交所为代表；三是对证监会标准做较大修改后形成的分类标准，以申银万国研究所（简称申万研究所）为代表；四是采用GICS，以上交所为代表。依据深交所分类标准可得到22个行业，包括13个一级类目和9个制造业次级类目。申万研究所分类标准在行业类目上与深交所分类标准有较大差别，但两者的行业数量差别不大，申万研究所分类标准是一类23个行业的分类标准。中国证监会2012年最新修订的分类指引则将上市公司分为19个门类、90个大类（见表3-8）。

表3-8 证监会行业分类结果

门类	类别名称	说明
A	农、林、牧、渔业	本门类包括第01~05大类
B	采矿业	本门类包括第06~12大类,指对固体(如煤和矿物)、液体(如原油)或气体(如天然气)等自然产生的矿物的采掘;包括地下或地上采掘、矿井的运行,以及一般在矿址或矿址附近从事的旨在加工原材料的所有辅助性工作,例如碾磨、选矿和处理,均属本类活动;还包括使原料得以销售所需的准备工作;不包括水的蓄积、净化和分配,以及地质勘查、建筑工程活动
C	制造业	本门类包括第13~43大类,指经物理变化或化学变化后成为新的产品,无论是动力机械制造,还是手工制作;也无论产品是批发销售,还是零售,均视为制造。建筑物中的各种制成品、零部件的生产应视为制造,但在建筑预制品工地把主要部件组装成桥梁、仓库设备、铁路与高架公路、升降机与电梯、管道设备、喷水设备、暖气设备、通风设备与空调设备,照明与安装电线等组装活动,以及建筑物的装置,均列为建筑活动。本门类包括机电产品的再制造,指将废旧汽车零部件、工程机械、机床等进行专业化修复的批量化生产过程,使再制造的产品达到与原有新产品相同的质量和性能
D	电力、热力、燃气及水生产和供应业	本门类包括第44~46大类
E	建筑业	本门类包括第47~50大类
F	批发和零售业	本门类包括第51~52大类,指商品在流通环节中的批发活动和零售活动
G	交通运输、仓储和邮政业	本门类包括第53~60大类
H	住宿和餐饮业	本门类包括第61~62大类
I	信息传输、软件和信息技术服务业	本门类包括第63~65大类

续表

门类	类别名称	说明
J	金融业	本门类包括第 66~69 大类
K	房地产业	本门类包括第 70 大类
L	租赁和商务服务业	本门类包括第 71~72 大类
M	科学研究和技术服务业	本门类包括第 73~75 大类
N	水利、环境和公共设施管理业	本门类包括第 76~78 大类
O	居民服务、修理和其他服务业	本门类包括第 79~81 大类
P	教育	本门类包括第 82 大类
Q	卫生和社会工作	本门类包括第 83~84 大类
R	文化、体育和娱乐业	本门类包括第 85~89 大类
S	综合	本门类包括第 90 大类

资料来源：中国证监会网站。

本书主要依据中国证监会和申万研究所的分类标准，以相应的行业指数作为实证检验的样本。

二 样本选择与数据采集

本书第四章、第六章和第七章的实证检验均需用到行业数据。其中第四章使用的是深交所 22 个行业的数据；第六章检验行业配置时，以证监会共 22 个行业作为样本总体，然后从中选择 6 个成长性行业作为样本；第七章检验行业选择时，使用申万一级共 23 个行业的数据。选择不同的样本，首先是为了结果比较的一致性，其次也需考虑数据的易得性。

第四章将考察 77 只样本基金的行业配置情况，样本期选择 2006~2012 年。样本基金行业前五名和前十名的配置比例描述性统计如表 3-9 和表 3-10 所示。[①]

---

① 基于篇幅考虑，各样本基金对所有行业配置比例的具体数值本书未详细列示，感兴趣的读者可自行从聚源数据库下载，也可来函向笔者索取。

表3-9　样本基金行业前五名配置比例描述性统计

单位：%

时间	均值	中值	最大值	最小值	标准差
2006Q1	66.24	64.45	97.70	51.58	8.88
2006Q2	69.69	67.50	98.91	52.94	9.25
2006Q3	66.70	65.12	97.93	51.33	8.61
2006Q4	68.92	67.46	95.21	54.33	9.59
2007Q1	67.20	65.75	97.30	48.94	10.11
2007Q2	66.91	66.07	94.01	50.01	8.48
2007Q3	70.92	69.81	93.43	55.47	8.60
2007Q4	69.96	69.67	98.24	47.41	8.84
2008Q1	66.03	65.09	98.15	50.06	8.56
2008Q2	67.54	65.24	100.00	52.64	9.13
2008Q3	66.71	65.07	100.00	52.02	9.93
2008Q4	67.08	65.89	100.00	48.16	9.51
2009Q1	69.20	68.23	100.00	50.28	10.66
2009Q2	74.32	73.42	96.93	56.62	9.67
2009Q3	70.19	68.51	96.81	51.20	9.38
2009Q4	70.19	67.87	100.00	55.95	9.37
2010Q1	68.45	66.44	97.17	49.84	9.48
2010Q2	70.10	67.70	100.00	53.46	9.91
2010Q3	69.64	67.15	98.16	51.12	10.26
2010Q4	67.55	65.96	99.86	49.49	10.10
2011Q1	69.78	67.70	100.00	50.21	10.97
2011Q2	70.18	69.06	99.99	52.74	11.49
2011Q3	70.51	68.76	99.80	51.10	11.08
2011Q4	71.18	70.72	99.84	51.68	9.18
2012Q1	70.98	69.99	98.87	54.02	9.87
2012Q2	70.12	68.63	94.21	49.57	9.87
2012Q3	71.33	70.11	95.68	56.11	9.44
2012Q4	71.05	72.09	94.11	48.59	8.90

表 3 −10　样本基金行业前十名配置比例描述性统计

单位：%

时间	均值	中值	最大值	最小值	标准差
2006Q1	93.25	93.37	100.00	82.63	4.75
2006Q2	92.99	93.20	100.00	80.15	5.16
2006Q3	92.08	91.68	100.00	82.77	4.41
2006Q4	92.95	93.25	100.00	81.56	4.83
2007Q1	91.04	91.57	100.00	76.76	5.61
2007Q2	91.42	91.79	100.00	79.09	5.05
2007Q3	93.35	93.08	100.00	82.19	4.48
2007Q4	92.74	93.20	100.00	78.22	4.73
2008Q1	91.48	91.55	100.00	79.46	4.79
2008Q2	91.90	92.20	100.00	81.74	4.55
2008Q3	91.28	90.58	100.00	78.78	5.20
2008Q4	91.86	91.85	100.00	78.52	4.98
2009Q1	91.65	92.12	100.00	77.66	5.49
2009Q2	93.67	93.73	100.00	84.90	4.52
2009Q3	92.33	92.25	100.00	79.35	4.78
2009Q4	92.65	92.41	100.00	84.12	4.12
2010Q1	91.32	91.08	100.00	78.71	4.83
2010Q2	91.63	91.75	100.00	79.35	5.21
2010Q3	91.54	92.51	100.00	78.72	5.49
2010Q4	91.29	91.42	100.00	76.70	5.34
2011Q1	92.24	94.11	100.00	76.57	5.46
2011Q2	92.56	93.02	100.00	80.82	5.59
2011Q3	92.94	93.58	100.00	79.95	5.49
2011Q4	93.05	94.06	100.00	80.09	5.04
2012Q1	92.77	93.65	100.00	81.07	5.25
2012Q2	92.74	92.70	100.00	78.42	5.19
2012Q3	93.10	92.93	100.00	83.86	4.64
2012Q4	93.40	94.03	100.00	82.65	4.56

　　由统计结果可知，样本开放式基金的行业配置集中度较高，前五名的平均占比在70%左右，前十名的平均占比在90%以上。这

表明我国开放式基金大多采取集中行业配置策略。但这种策略是否有效，有待本书第四章进一步检验。

第七章将使用申万一级共 23 个行业指数在 2000 年 1 月 4 日至 2012 年 8 月 1 日共 3041 个日对数收益率观察值来考察资产分类算法的有效性和稳定性。

第四节　股票样本选择和数据采集

一　样本选择

本书第四章至第七章均用到相关股票样本和数据。遵循研究设计的需要，选择的股票样本主要有两类，一类是基金重仓股，另一类是成长性行业中包含的股票。

借鉴朱宏泉和李亚静（2005）的处理方法，本书在第四章中将开放式基金每季度末前十大重仓股作为个股配置能力的近似研究对象。原因主要如下。

第一，国外在研究基金的投资能力时，使用的是基金季度投资组合中所有股票的信息。国内的情况稍有不同，从持股偏好看，无论是封闭式基金还是开放式基金，持股集中度均较高。这种持股偏好虽然可能阻碍基金获得好的业绩，但是为学术研究提供了便利。基金在十大重仓股之外的持股非常分散且比例较低，因此以十大重仓股为样本实施实证研究，所得结果具有很好的代表性。

第二，仅以十大重仓股为考察对象，不仅有助于揭示开放式基金的投资能力，而且有助于为个人投资者提供参考。前文的分析已经指出，开放式基金的投资能力在剔除各项费用后大致等于其投资业绩。基于此，如果个人投资者能够复制基金的投资组合，则有望在节省中间费用的前提下获得更好的业绩。但个人投资者的资金规模和资产管理能力通常有限，本书仅考虑十大重仓股能为个人投资者提供复制基金投资组合的可能。

基于此，本书得到的样本基金在各季度末的十大重仓股数据见表 3 - 11。

表 3 - 11　样本基金十大重仓股

单位：只，%

时间	十大重仓股总数量	实际包含股票数量	占当期 A 股总量比
2006Q1	770	190	13.96
2006Q2	770	211	15.32
2006Q3	770	215	15.38
2006Q4	770	177	12.30
2007Q1	770	229	15.62
2007Q2	769	214	14.37
2007Q3	770	209	13.67
2007Q4	770	221	14.12
2008Q1	770	222	13.99
2008Q2	770	211	13.00
2008Q3	770	215	13.10
2008Q4	761	216	13.15
2009Q1	755	221	13.46
2009Q2	770	198	12.06
2009Q3	770	215	12.87
2009Q4	770	227	13.04
2010Q1	770	274	14.94
2010Q2	767	286	14.91
2010Q3	770	295	14.73
2010Q4	770	306	14.64
2011Q1	769	324	14.86

续表

时间	十大重仓股总数量	实际包含股票数量	占当期 A 股总量比
2011Q2	770	297	13.15
2011Q3	770	315	13.55
2011Q4	770	299	12.61
2012Q1	770	282	11.64
2012Q2	770	287	11.59
2012Q3	770	286	11.34
2012Q4	770	290	11.48

数据来源：聚源数据库，作者自行整理得到。

二 数据采集

本书第四章使用 PCM 法检验开放式基金的投资能力，主要用到基金在各季度末持有十大重仓股和十大行业的比例及这些重仓股和行业在前后一段时间的月度收益率。第六章考察标准资产配置行为对投资能力的影响时，主要用到个股市盈率（P/E Ratio）、个股特质信息、个股收益率、行业市盈率等数据。

本节先简要采集十大重仓股在样本期内占样本基金总体的资产净值和股票资产的比例，以及占各基金的资产净值和股票资产的比例（见表 3 - 12 和附录 3）。由统计结果可知，在整个样本期内，十大重仓股占基金净值的比例平均在 30% 以上，占股票市值的比例平均在 50% 左右；在整个考察期内的，各样本基金十大重仓股占基金净值的比例平均在 30% 以上，占股票市值的比例平均在 40% 以上。这再次证明了选择十大重仓股研究基金的资产配置状况有较好的代表性，能够较好地挖掘基金的投资能力。

表 3 – 12 样本基金十大重仓股占比描述性统计

单位：%

时间	占基金净值比			占股票市值比		
	最大值	最小值	均值	最大值	最小值	均值
2006Q1	68. 17	20. 93	44. 25	99. 99	32. 07	57. 42
2006Q2	67. 36	20. 09	44. 25	99. 77	29. 70	58. 35
2006Q3	65. 36	27. 05	42. 50	97. 65	35. 26	56. 93
2006Q4	64. 00	22. 66	43. 85	100. 00	33. 36	58. 14
2007Q1	61. 96	21. 06	38. 86	88. 47	31. 40	51. 79
2007Q2	57. 20	15. 32	36. 32	75. 51	31. 61	49. 29
2007Q3	57. 42	16. 70	35. 61	71. 07	29. 10	47. 93
2007Q4	57. 43	19. 89	34. 98	87. 69	28. 68	47. 64
2008Q1	58. 15	19. 37	35. 12	99. 56	29. 03	49. 96
2008Q2	68. 58	15. 38	33. 94	93. 25	30. 96	50. 99
2008Q3	68. 24	6. 65	31. 59	96. 49	31. 48	51. 69
2008Q4	50. 91	2. 51	29. 32	100. 00	32. 84	50. 57
2009Q1	58. 90	2. 35	30. 11	100. 00	29. 05	46. 41
2009Q2	54. 38	19. 19	35. 17	76. 11	25. 02	47. 07
2009Q3	49. 40	17. 89	32. 18	77. 79	24. 44	45. 17
2009Q4	77. 28	20. 17	34. 28	91. 74	21. 64	44. 23
2010Q1	59. 02	18. 85	32. 83	96. 36	23. 70	43. 80
2010Q2	55. 77	15. 25	30. 65	100. 00	21. 09	47. 00
2010Q3	64. 42	12. 30	33. 53	92. 93	21. 07	44. 97
2010Q4	66. 81	15. 64	35. 66	93. 48	22. 15	46. 20
2011Q1	60. 21	15. 11	34. 73	99. 99	20. 77	45. 93
2011Q2	66. 32	15. 45	35. 80	97. 60	21. 19	47. 88
2011Q3	60. 12	15. 90	35. 15	80. 33	19. 85	49. 42
2011Q4	62. 43	15. 42	35. 87	76. 71	19. 01	49. 97
2012Q1	59. 32	10. 04	34. 74	72. 00	15. 02	48. 46
2012Q2	54. 04	13. 79	35. 38	69. 71	16. 93	48. 41
2012Q3	59. 53	12. 93	35. 57	79. 23	17. 63	50. 36
2012Q4	56. 04	13. 84	36. 42	72. 39	17. 73	48. 86

数据来源：聚源数据库，作者整理得到。

第五节 **本章小结**

本章通过样本选择、数据采集和分析，大致可获得以下结论。

第一，正如既有研究指出的那样，证券市场并非完全有效的。价格波动既不温和亦不连续，市场风险要比预期大得多。这从美国股灾的概率和中国股市极值波动的概率可进一步获得验证。不完美市场一方面为开放式基金提升投资能力设置了障碍，另一方面也为进行积极资产管理以获得超额收益提供了可能。

第二，我国资本市场真正健康快速发展有赖于股权分置改革的完成，市场参与者的结构变化是在以开放式基金为代表的机构投资者超常规发展之后发生的。开放式基金作为参与证券市场的中坚力量，行为特征和结果具有极强的代表性；以大样本、长周期的数据检验其投资能力，所得实证结论具有较高的可靠性。

第三，我国开放式基金的个股配置和行业配置集中度较高，这与完全分散化的投资理论相悖。考虑到市场有效性不足，对开放式基金投资能力的研究既要借助经典金融理论和方法，也要引入非线性理论和方法。

第四章 | # 开放式基金投资能力测算与检验

本章拟深入探讨本书初始提出的问题：非有效市场中的"开放式基金投资能力之谜"。

以开放式基金为代表的机构投资者，自 2000 年后开始超常规发展。一方面，监管层大力发展机构投资者的初衷在于，试图借助机构投资者的理性投资行为稳定市场。另一方面，开放式基金作为一种间接投资品种，还要发挥集合投资、分散风险、专家理财的优势，持续获得优于普通投资者的超额收益。

对上述第一方面的讨论，目前已取得了较多成果。对第二方面的讨论虽然也较多，但多是基于结果的分析，且结论并不统一。本章集中讨论第二方面的问题，使用的样本、区间和方法均与既有研究有较大区别。本章分两个层次来揭示我国开放式基金的投资能力，先用统计分析考察，然后用实证检验进一步深入考察。本章的研究框架大致如图 4－1 所示。

第一节 概 述

本书第二章已指出，影响基金投资能力的因素有多种，包括资

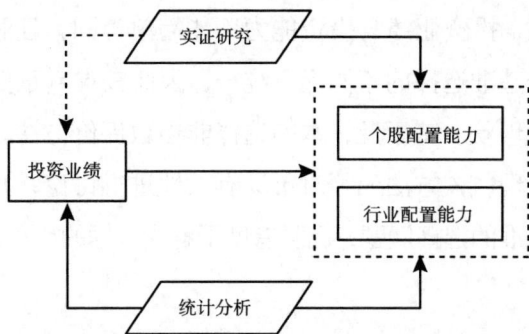

图 4-1　开放式基金投资能力分析框架

产配置、基金经理、投资风格、制度环境、运气等。进一步对开放式基金进行业绩分解，可发现资产配置对投资能力的影响最大。而资产配置最终会反映在基金的投资组合中。因此，直接考察开放式基金的投资组合，可以从根源上揭开影响开放式基金投资能力的谜团。

　　本书将资产配置置于首要地位，并认为开放式基金的资产配置能力大致反映其投资能力。如前所述，资产配置包括三层含义，分别是个股配置、行业配置和动态配置。由于开放式基金动态资产配置能力不足的结论已经比较统一，本章不再重新对其进行检验，而重点检验开放式基金的个股配置能力和行业配置能力。本章的分析不同于传统研究所遵循的选股择时的分析模式，亦不同于采用单因素模型或多因素模型进行线性回归的分析方法。[①]

　　对开放式基金投资能力的检验，在方法上主要有参数法和非参数法两大类（见图 2-2）。在分析角度上，本书大多沿两个方向进行：一是从投资业绩入手，利用单因素模型或多因素模型检验业绩显著性；二是直接分析其投资组合，考察基金管理人的资产配置能

---

①　需要说明的是，本书没有专门讨论基金择时对投资能力的影响，而是将择时纳入动态资产配置中。实际上，从长期看，收益波动性相对较小的货币或货币市场工具也属于金融资产，也具有一定的风险性。基金管理人在不同时点决定配置何种资产，本身就隐含了在该时点的资产选择。

力。如前所述，投资业绩与投资能力不能简单等同，且业绩评价的结论会因为比较基准选择的不同而不统一，因此较难真正揭示开放式基金的投资能力现状。基于此，本书选择非参数评价方法。从本章随后的分析中可发现，该方法无须对市场有效性进行讨论，并且不仅能规避业绩比较基准的选择问题，而且有助于解决数据的生存偏差问题。

第二节　开放式基金投资能力的国际现状

已有研究指出，开放式基金投资能力低下是全球性问题。即便在发达资本市场上，也存在积极资产管理业绩不理想的情况。

以美国市场为例，与指数基金相比，共同基金业绩无论是在短期还是在长期都难言满意（见图 4 - 2）。在 1 ~ 5 年的短期内，约 70% 的大盘股股票基金的投资收益低于 S&P 500 指数基金的投资收益；如果将比较期限延长至 10 年和 20 年，则分别有 86% 和 90% 的大盘股股票基金被 S&P 500 指数基金所击败。如果扣除管理

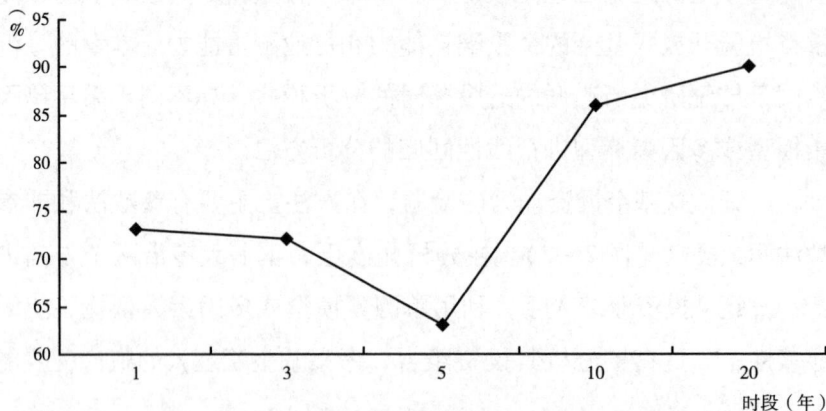

图 4 - 2　投资收益低于 S&P 500 指数基金的美国大盘股股票基金的比例

资料来源：蔡庆丰：《从美国基金投资业绩看机构投资者的代理问题及其市场影响》，《国际金融研究》2007 年第 6 期。

费用，则消极管理的指数基金在长期内都要比积极管理的股票基金的平均收益高出 2% 以上（见表 4 - 1）。

表 4 - 1　美国指数基金与股票基金收益对比

单位：%

投资收益比较	1994 ~ 2004 年	1984 ~ 2004 年
S&P 500 指数基金收益	10.99	12.78
股票基金平均收益	8.47	10.54
收益差额	2.52	2.24

　　资料来源：蔡庆丰：《从美国基金投资业绩看机构投资者的代理问题及其市场影响》，《国际金融研究》2007 年第 6 期。

　　进一步将比较期限延长至 30 年，可发现专业基金管理人积极管理的股票基金的投资收益更不理想。1970 年年末，美国金融市场上共有 355 只股票基金，其中有 139 只基金存续到 2003 年年底。将该类基金的投资收益与市场的平均收益相比较，可发现只有 20 只股票基金勉强地战胜了市场；超过市场平均收益 2% 的股票基金更是寥寥无几，仅有 5 只（见图 4 - 3）。

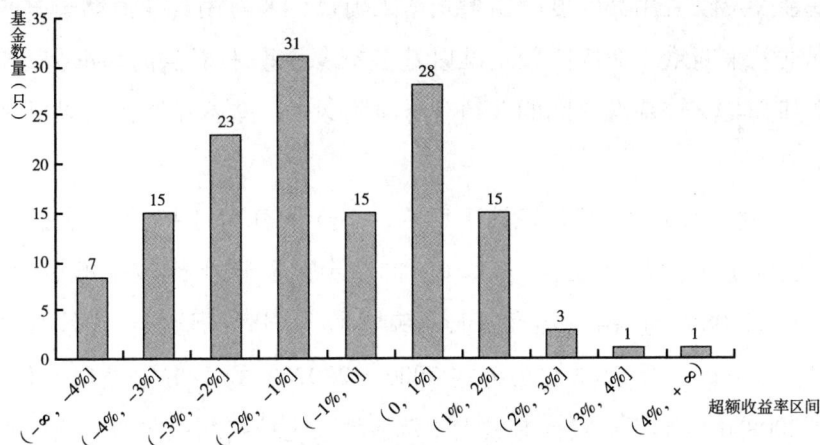

图 4 - 3　美国股票基金投资收益与市场平均收益比较（1970 ~ 2003 年）

　　资料来源：蔡庆丰：《从美国基金投资业绩看机构投资者的代理问题及其市场影响》，《国际金融研究》2007 年第 6 期。

类似情况在基金业较为发达的欧洲金融市场上亦有发生。在1994~2003年，有高达84%的积极管理基金被市场指数（MSCI Europe Index）基金所击败；在总共130只样本基金中，仅有4只基金的投资收益高出比较基准约4%。

第三节 我国开放式基金投资能力的统计分析

一 投资业绩统计分析

利用第三章挑选的77只偏股型开放式基金及其在2006~2012年的相关数据，本章首先从统计上考察我国开放式基金的投资业绩。

开放式基金的投资业绩表现在投资收益和风险两个方面。样本基金投资收益用其年度净值增长率来衡量，风险用其净值增长率的标准差来衡量。业绩比较基准以基金招募说明书提供的为准。[①] 样本基金与比较基准之间的业绩差异见附录4，描述性统计结果见表4-2。

由统计结果可知，在这7年内，平均只有55.84%的基金投资收益优于比较基准收益，36.36%的基金风险低于比较基准风险，只有22.08%的基金收益优于比较基准收益同时风险低于比较基准风险。分时段看，样本基金在2006~2007年的牛市内表现不佳，在2008年的熊市内反而有较大比例战胜了比较基准；在随后几年的

---

① 根据《证券投资基金信息披露内容与格式准则》第6号《基金合同的内容与格式》的要求，基金在招募说明书中需要订明财产投资的有关事项，其中包括业绩比较基准。

表 4 - 2 样本基金与比较基准业绩差异的描述性统计

单位：只，%

年份	样本总量	收益优于比较基准的基金数量（比例）	风险低于比较基准的基金数量（比例）	收益优于比较基准且风险低于比较基准的基金数量（比例）
2006	77	49(63.64)	12(15.58)	4(5.19)
2007	77	42(54.55)	33(42.86)	23(29.87)
2008	77	61(79.22)	57(74.03)	55(71.43)
2009	77	50(64.94)	23(29.87)	7(9.09)
2010	77	52(67.53)	13(16.88)	9(11.69)
2011	77	28(36.36)	25(32.47)	19(24.68)
2012	77	19(24.68)	30(38.96)	1(1.30)
平均	77	43(55.84)	28(36.36)	17(22.08)

猴市里，样本基金要么为追求高收益而承担了高风险，要么为控制风险而抑制了收益，两方面均较优者寥寥无几。

二 资产配置有效性描述性分析

有部分数据库直接提供开放式基金资产配置有效性的数据。在聚源数据库终端依次选择"基金""统计报表""业绩评级""基金资产配置贡献"，即可得到样本基金的风险资产配置有效性。其指标含义是，在报告期内（比如季度内），如果某只股票被基金净买入且价格上涨或被净卖出且价格下跌，则认为对该股票的配置有效；否则认为配置无效；如果涨跌数据缺失（比如股票停牌），则认为无法判断。

77 只样本基金各季度的十大重仓股配置有效性的统计见表 4 - 3。

由统计结果可知，在这 7 年间，平均只有 32.97% 的重仓股配置是有效的，高达 63.37% 的重仓股配置都是无效的。分时期看，每年一季度有效配置的比例相对较高，四季度相对较低。可见即便在较短的时间内，亦存在资产配置能力差异问题。

表4-3 样本基金重仓股配置有效性描述性统计

单位：只，%

时间	重仓股总数	有效配置		无效配置		无法判断	
		个数	占比	个数	占比	个数	占比
2006Q1	770	527	68.44	239	31.04	4	0.52
2006Q2	770	64	8.31	703	91.30	3	0.39
2006Q3	770	448	58.18	304	39.48	18	2.34
2006Q4	770	47	6.10	684	88.83	39	5.06
2007Q1	770	455	59.09	253	32.86	62	8.05
2007Q2	769	41	5.33	646	84.01	82	10.66
2007Q3	770	428	55.58	295	38.31	47	6.10
2007Q4	770	197	25.58	530	68.83	43	5.58
2008Q1	770	123	15.97	609	79.09	38	4.94
2008Q2	770	122	15.84	584	75.84	64	8.31
2008Q3	770	219	28.44	509	66.10	42	5.45
2008Q4	761	150	19.71	570	74.90	41	5.39
2009Q1	755	486	64.37	255	33.77	14	1.85
2009Q2	770	98	12.73	662	85.97	10	1.30
2009Q3	770	416	54.03	346	44.94	8	1.04
2009Q4	770	101	13.12	660	85.71	9	1.17
2010Q1	770	340	44.16	418	54.29	12	1.56
2010Q2	768	103	13.41	635	82.68	30	3.91
2010Q3	770	401	52.08	344	44.68	25	3.25
2010Q4	770	161	20.91	579	75.19	30	3.90
2011Q1	770	426	55.32	314	40.78	30	3.90
2011Q2	770	186	24.16	554	71.95	30	3.90
2011Q3	770	234	30.39	515	66.88	21	2.73
2011Q4	770	208	27.01	536	69.61	26	3.38
2012Q1	770	402	52.21	345	44.81	23	2.99
2012Q2	770	193	25.06	547	71.04	30	3.90
2012Q3	770	347	45.06	420	54.55	3	0.39
2012Q4	770	176	22.86	590	76.62	4	0.52
合计	21533	7099	32.97	13646	63.37	788	3.66

数据来源：聚源数据库，由作者整理得到。

需要说明的是，虽然这些数据在一定程度上为投资开放式基金提供了指导，但数据的科学性存疑。将个股在同一个时期的净买卖值与涨跌幅做比较，难以区分到底是买卖造成了涨跌，还是涨跌促使了买卖。这也是本书未继续利用这些数据做进一步分析的原因。

第四节　我国开放式基金投资能力测算及实证检验

一　模型构建

检验开放式基金投资能力的组合变动测度法（PCM）是对事件研究测度法（ESM）的改进，由 Grinblatt 和 Titman（1993）首次提出。

PCM 属于非参数检验法，无须选择比较基准。PCM 的基本思想如下。

对任一投资组合 P，各资产（包括风险资产与无风险资产）持有比例与其预期收益的协方差之和为

$$Cov = \sum_{i=1}^{N} \left[E(w_i R_i) - E(w_i) E(R_i) \right] \qquad (4-1)$$

其中，N 为资产数量，w_i 和 R_i 分别表示资产 i 在投资组合中的持有比例和未来收益。

式（4-1）中第一项代表投资组合的实际预期收益，第二项代表投资组合在资产未来收益不变情况下的预期收益，也可看成是对投资风险的调整，因为它等于在不变的投资比例 $E(w_i)$ 下的投

资组合的预期收益。二者之差反映了投资者的风险调整收益。如果各项资产的未来收益不变，投资组合的构成则与资产预期收益无关（ $E(w_i R_i) = E(w_i) E(R_i)$ ）。

对于普通投资者，假设其投资能力有限，即没有预测资产未来价格走势的能力，式（4-1）的值趋于0。但对于专业投资者，假设其具备预测证券市场和资产价格未来变化趋势的能力，式（4-1）的值应大于0。

式（4-1）可进一步改写成以下两种形式

$$Cov = \sum_{i=1}^{N} E\{w_i [R_i - E(R_i)]\} \tag{4-2}$$

$$Cov = \sum_{i=1}^{N} E\{[w_i - E(w_i)] R_i\} \tag{4-3}$$

式（4-2）是 ESM 的基础模型，式（4-3）则是 PCM 的基础模型。

对于样本协方差，式（4-2）和式（4-3）可继续写为

$$SCov(w_i, R_i) = \sum_{t=1}^{T} w_{it} (R_{it} - \overline{R}_i)/T = \sum_{t=1}^{T} (w_{it} - \overline{w}_i) R_{it}/T$$
$$\tag{4-4}$$

其中，$SCov(w_i, R_i)$ 是资产 i 的投资权重与收益率间的协方差；w_{it} 是资产 i 在第 t 期开始时在投资组合中的权重，$\overline{w}_i$ 是其样本均值；R_{it} 是资产 i 在第 t 至 $t+1$ 期的收益，其样本均值表示为 $\overline{R}_i$。

于是，整个投资组合的协方差为

$$SCov_p = \sum_{i=1}^{N} \sum_{t=1}^{T} w_{it} (R_{it} - \overline{R}_i)/T = \sum_{i=1}^{N} \sum_{t=1}^{T} (w_{it} - \overline{w}_i) R_{it}/T$$
$$\tag{4-5}$$

用式（4-5）来度量机构投资者的投资能力，需对样本均值

$\overline{w}_i$ 或 $\overline{R}_i$ 进行估计。两种测算开放式基金的投资能力的度量方法可分别表示如下

$$ESM = \sum_{i=1}^{N} \sum_{t=1}^{T} \left[w_{it}(R_{it} - R_{i,t+k}) \right]/T \quad k = 1, 2, \cdots, k \quad (4-6)$$

$$PCM = \sum_{i=1}^{N} \sum_{t=1}^{T} \left[(w_{it} - w_{i,t-k})R_{it} \right]/T \quad k = 1, 2, \cdots, k \quad (4-7)$$

若市场完全有效，不存在超额信息，则资产当前或过去的权重与当前收益不相关。此时，ESM 和 PCM 测算得到的投资能力均趋近于 0。可以证明，在实证检验时，若样本较小，ESM 与 PCM 的度量结果会存在差异；若样本较大，二者的差异会趋于 0。

对于普通投资者，其缺乏对资产未来风险—收益特征的识别和判断，因此资产的投资比重与预期收益无关，由 ESM 或 PCM 所度量的开放式基金的投资能力收敛于 0。而对于专业投资者，通常期望 ESM 或 PCM 显著大于 0。

但是，正如前文所述，ESM 使用资产在第 t 期时的投资比重和第 $t+k$ 期的预期收益，可能会因为上市公司亏损、停牌或兼并收购等而样本缺失，即产生数据生存偏差；不仅如此，ESM 使用第 $t+k$ 期的预期收益作为投资能力的识别标准，可能会受到第 t 期资产收益的影响，造成序列相关。PCM 使用当前时期的持股权重作为观察期持股权重的预期，避免了数据缺失的问题，因此多为实践所采用。为使问题简单化，一般用第 $t+k$ 期的资产收益作为第 t 期的预期收益，用第 $t-k$ 期的投资权重作为第 t 期的预期头寸。

二 研究设计

应用 PCM 及第三章所提供的样本基金持有的重仓股和重仓行

业数据，可从个股配置能力和行业配置能力两个方面实证检验开放式基金是否具有投资能力。

本书选择样本基金前十大重仓股及其投资权重来考察开放式基金的个股配置能力，选择样本基金前十大重仓行业及其投资权重来考察开放式基金的行业配置能力。[①] 持仓类别及相应的投资权重由基金季报披露，月度收益率可通过聚源数据库获得。

不失一般性，先给出个股配置能力的检验方法。行业配置能力的检验步骤与此类似，不再重复说明，随后直接给出检验结果。

基金重仓股在样本期的月度收益率由式（4-8）得到

$$R_{it} = \frac{p_{it} - p_{i,t-1} + d_{it}}{p_{i,t-1}} \qquad (4-8)$$

其中，p_{it} 为个股月末价格，$p_{i,t-1}$ 为个股上月末价格，d_{it} 为个股月度股息红利收益。由于计算期间较短，忽略红利再投资收益；如果个股在考察期内停牌，则用停牌时的价格作为期末价格。

考虑到资产收益的惯性效应或反转效应（Reversal Effect）可能影响投资能力，实证检验时 k 通常取不同的值。本章分别令 $k = 1$、$k = 2$ 和 $k = 4$，即分别考察滞后 3 个月、6 个月和 12 个月的投资能力状况。

以 $k = 1$ 为例，具体检验步骤如下。

首先，根据 77 只样本基金在 2006~2012 年的 28 份季报，获得十大重仓股的季度持股权重和在该季度内的各月度收益率。

其次，构造零成本投资组合，即在任一 t 季度时，用样本基金 t 季度初的十大重仓股权重减去 $(t-1)$ 季度初的十大重仓股权重，

---

① 选择样本基金持有的十大重仓股和十大重仓行业而非所有持股和所有行业，主要是因为这些股票和行业投资占比较高，已较好反映了基金的持仓信息，具体原因分析见本书第三章。

所得差值乘以 t 季度内的重仓股月度收益率，得到本季度各月的投资能力值。除非数据缺失，否则同一季度内的投资权重之差是相同的，但月度收益率不同。

再次，更新下一个季度的十大重仓股权重差及相应持仓股票的月度收益率，重复上述步骤，得到某只基金的投资能力月度序列值。

最后，对投资能力月度序列值进行显著性检验。

当 $k = 2$ 时，零成本投资组合的权重之差等于 t 季度初的权重减去 $(t-2)$ 季度初的权重。当 $k = 4$ 时，零成本投资组合的权重之差等于 t 季度初的权重减去 $(t-4)$ 季度初（即上年同期初）的权重。

举例来说，当 $k = 1$ 时，2007 年一季度的零成本投资组合的投资能力值是，分别用 2007 年 1~3 月的月度收益率乘以 2007 年一季度初与 2006 年四季度初的权重之差；2007 年二季度的投资能力值是，分别用 2007 年 4~6 月的月度收益率乘以 2007 年二季度初与 2007 年一季度初的权重之差。当 $k = 4$ 时，2008 年一季度的投资能力值是，分别用 2008 年 1~3 月的月度收益率乘以 2008 年一季度初与 2007 年一季度初的权重之差；2008 年二季度的投资能力值是，分别用 2008 年 4~6 月的月度收益率乘以 2008 年二季度初与 2007 年二季度初的权重之差。

将个股配置能力的月度值（月度收益率）换算成年度值（年化收益率）。

当考察行业配置能力时，利用式（4-8）获得行业指数的月度收益率，然后继续利用本节的步骤，即可得到样本基金的各月度行业配置能力的年化值。[①]

[①] 计算得到的个股配置能力和行业配置能力序列值数据量庞大，限于篇幅，未一一列示。

三 个股配置能力实证检验和结果分析

（一）个股配置能力显著性分析

利用 R 语言对计算结果进行显著性检验，处理结果见附录 5 至附录 7。

各样本基金的 t 统计量表明，当滞后一期（$k = 1$）时，有 6 只基金的个股配置能力显著小于 0，其他基金的均值为 0 的原假设均不能被拒绝，表明样本基金大多数没有显著的个股配置能力。滞后两期（$k = 2$）时，有 13 只基金的个股配置能力显著小于 0，其余均不显著。滞后四期（$k = 4$）时，有 17 只基金的个股配置能力显著小于 0，但亦出现了 1 只个股配置能力显著大于 2% 的基金。综合来看，在各个滞后期，样本基金的个股配置能力均不理想，与初始假设相一致。并且随着滞后期拉长，样本基金的个股配置能力出现分化，标准差变大（见表 4 - 4 和图 4 - 4）。

表 4 - 4　样本基金个股配置能力均值的描述性统计

滞后期	样本期	月度数	均值	标准差	最大值	最小值
$k = 1$	2006. 7 ~ 2012. 12	78	- 0. 8180	1. 1617	1. 4997	- 4. 6540
$k = 2$	2006. 10 ~ 2012. 12	75	- 1. 6960	2. 0301	2. 0536	- 7. 1560
$k = 4$	2007. 4 ~ 2012. 12	69	- 2. 1161	2. 6050	3. 5796	- 9. 7076

（二）不同市场行情下个股配置能力分析

样本基金的个股配置能力虽然在考察期内整体并不显著，但在不同的市场行情下是否存在差异仍值得深入研究。

股改完成后，上证指数近年来波动较大。上证指数自 2005 年 6 月的历史低点 998 点启动后，在短短两年多的时间即攀升至 2007 年 10 月 16 日的历史高点 6124 点。其后受全球金融危机的影响，

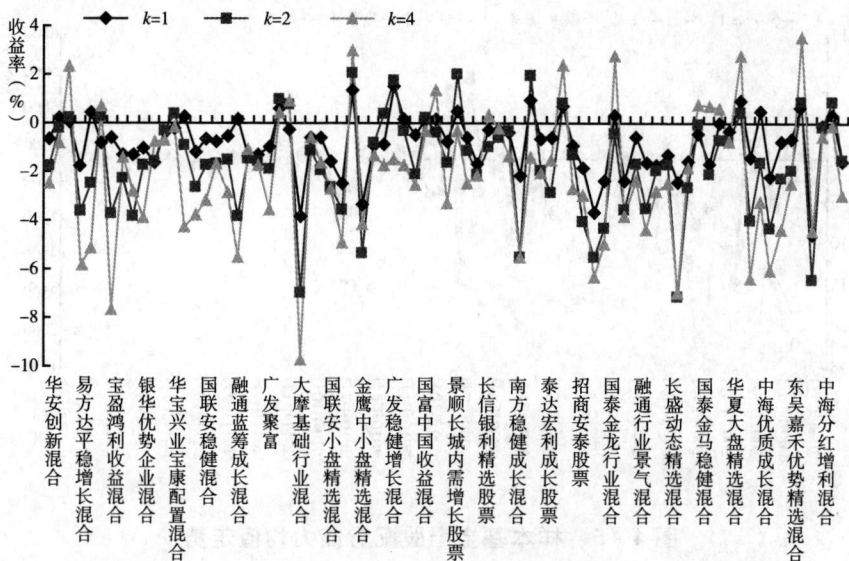

图4-4　样本基金不同时滞的个股配置能力均值

指数开始掉头往下，一年后又深跌至2008年10月28日的1664.93点。此后市场有所反弹，先后达到2009年8月4日的3478点和2009年11月24日的3361点，构筑了一个短区间双头形态。2010年后，市场进入漫长的震荡期。

基于此，本章将2006～2012年划分为四个主要阶段，分别是大牛市阶段（2006年7月～2007年11月）、熊市阶段（2007年12月～2008年11月）、小牛市阶段（2008年12月～2009年12月）、震荡阶段（2010年1月～2012年12月）。然后将样本基金的个股配置能力与市场行情做直观对比（见图4-5和图4-6）。

由统计结果可知，在上涨行情中，样本基金的个股配置能力反而相对更低；在下跌行情中，个股配置能力反而相对更高；在震荡行情中，不同样本基金个股配置能力的差异也更小。之所以出现该种情况，可能与样本基金配置的资产风格和个股配置策略有关。偏股型基金持有的通常都是大盘股，在牛市中不如小盘股活跃，在熊

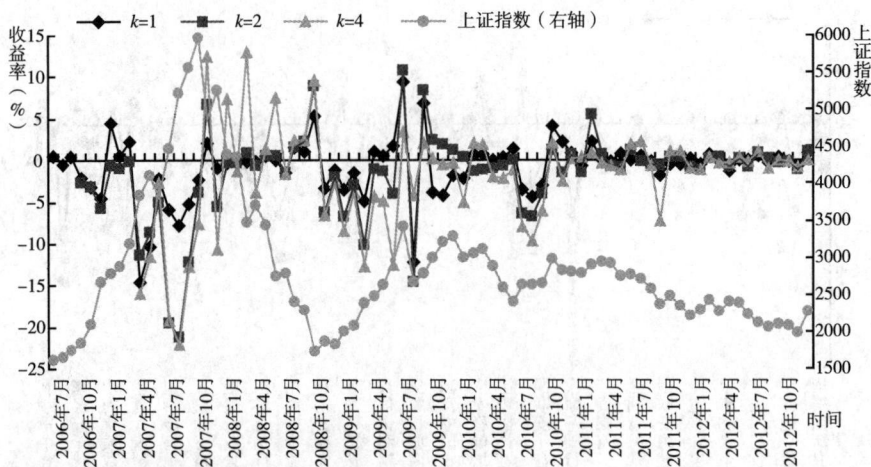

图 4 - 5　样本基金个股配置能力均值走势

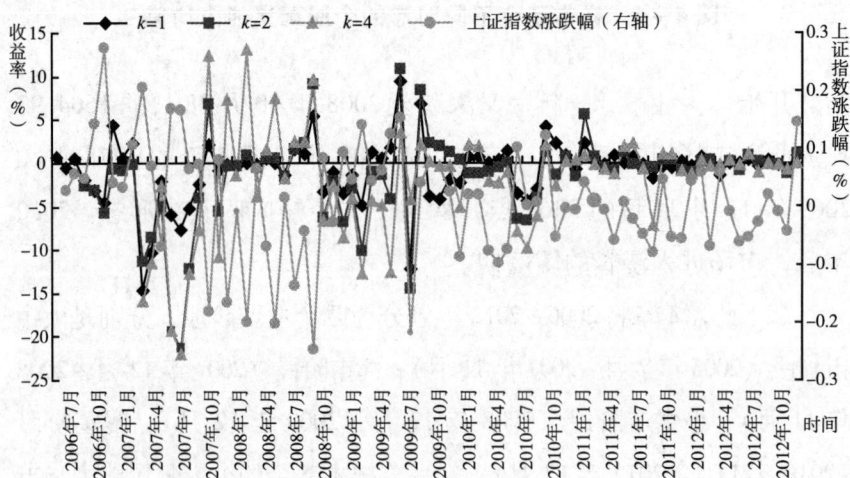

图 4 - 6　样本基金个股配置能力与市场波动对比

市中比小盘股更抗跌；加上基金的调仓不如散户那么频繁，多方面原因叠加使得投资能力与行情走势呈现微弱的反向性。

（三）不同投资类型基金的个股配置能力分析

为考察投资能力是否与基金投资风格有关，进一步考察三种类型的样本基金（标准混合型基金 37 只、股票型基金 8 只、激进配置型基金 32 只）的个股配置能力是否存在差别。继续对附录 5 至附录 7 的结果进行方差分析。先考察 $k = 1$ 的情况，描述性统计和方差分析结果分别见表 4 - 5 和表 4 - 6。由统计结果可知，P 值小于临界值（$F_{(0.05, 3, 230)} = 2.64$），接受原假设。这意味着，三种类型基金的个股配置能力无显著差异。当 $k = 2$ 和 $k = 4$ 时，P 值同样小于临界值，得到的结果与 $k = 1$ 相同，不再赘述（见表 4 - 7 至表 4 - 10）。

表 4 - 5　三组样本基金个股配置能力描述性统计（$k = 1$）

组别	N	均值	标准差	标准误	均值95%置信区间		极小值	极大值
					下限	上限		
1	78	- 0. 7190	3. 78562	0. 42864	- 1. 5725	0. 1346	- 14. 60	10. 81
2	78	- 0. 4060	5. 29490	0. 59953	- 1. 5998	0. 7879	- 17. 95	14. 93
3	78	- 1. 0354	3. 65555	0. 41391	- 1. 8596	- 0. 2112	- 13. 88	6. 94
总数	234	- 0. 7201	4. 29925	0. 28105	- 1. 2738	- 0. 1664	- 17. 95	14. 93

表 4 - 6　个股配置能力方差分析结果（$k = 1$）

	平方和	df	均方	F	P
组间	15. 452	2	7. 726	0. 416	0. 660
组内	4291. 208	231	18. 577		
总数	4306. 660	233			

表 4 - 7　三组样本基金个股配置能力描述性统计（$k = 2$）

组别	N	均值	标准差	标准误	均值95%置信区间		极小值	极大值
					下限	上限		
1	75	- 1. 5283	5. 72653	0. 66124	- 2. 8458	- 0. 2107	- 19. 82	12. 50
2	75	- 0. 6385	5. 29002	0. 61084	- 1. 8556	0. 5786	- 15. 90	13. 55
3	75	- 2. 1543	5. 45546	0. 62994	- 3. 4095	- 0. 8991	- 24. 29	9. 85
总数	225	- 1. 4404	5. 50444	0. 36696	- 2. 1635	- 0. 7172	- 24. 29	13. 55

表 4 – 8　个股配置能力方差分析结果 ($k = 2$)

	平方和	df	均方	F	P
组间	87.027	2	43.513	1.442	0.239
组内	6699.927	222	30.180		
总数	6786.954	224			

表 4 – 9　三组样本基金个股配置能力描述性统计 ($k = 4$)

组别	N	均值	标准差	标准误	均值95%置信区间		极小值	极大值
					下限	上限		
1	69	– 2.2935	6.71237	0.80807	– 3.9059	– 0.6810	– 21.74	15.24
2	69	– 1.0160	6.47877	0.77995	– 2.5724	0.5404	– 20.66	20.51
3	69	– 2.1861	6.69171	0.80559	– 3.7936	– 0.5785	– 27.10	15.09
总数	207	– 1.8318	6.62165	0.46024	– 2.7392	– 0.9245	– 27.10	20.51

表 4 – 10　个股配置能力方差分析结果 ($k = 4$)

	平方和	df	均方	F	P
组间	69.288	2	34.644	0.789	0.456
组内	8963.042	204	43.936		
总数	9032.331	206			

四　行业配置能力实证检验和结果分析

（一）行业配置能力显著性分析

继续利用 R 语言对样本基金的行业配置结果进行显著性检验，处理结果见附录 8 至附录 10。

t 统计值显示，当滞后一期 ($k = 1$) 时，均值为 0 的原假设均不能被拒绝，表明样本基金的行业配置能力均不显著。滞后两期 ($k = 2$) 时，有 2 只基金的行业配置能力显著小于 0，有 1 只基金的行业配置能力显著大于 2%。滞后四期 ($k = 4$) 时，有 7 只基金的行业配置能力显著小于0，有1只基金的行业配置能力显著大于2%。同样可以看出，样本基金的行业配置能力在各滞后期均不理想，与本章假设相一致。

进一步分析可知，随着时滞期变长，样本基金行业配置能力均值在逐渐降低，标准差在逐渐增大（见表4－11和图4－7）。这意味着，样本基金的长期行业配置能力弱于中短期行业配置能力，且时滞越长，行业配置能力分化越大。该检验结果与前文得到的个股配置能力检验结果大致相同。

表4－11 样本基金行业配置能力均值的描述性统计

滞后期	样本期	月度数	均值	标准差	最大值	最小值
$k=1$	2006.7 ~ 2012.12	78	0.1840	1.3451	3.6567	-4.5621
$k=2$	2006.10 ~ 2012.12	75	-0.4628	1.8611	4.4586	-5.4324
$k=4$	2007.4 ~ 2012.12	69	-1.2954	2.2942	5.1026	-8.3727

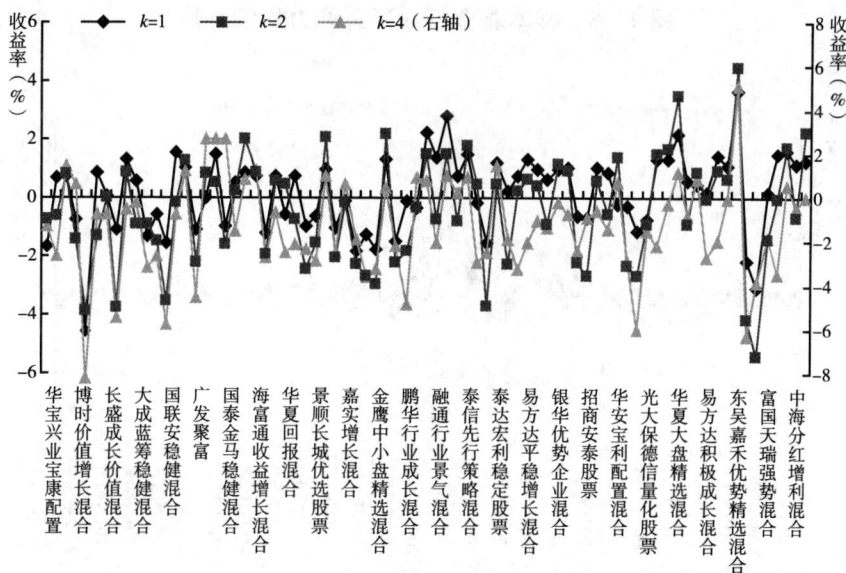

图4－7 样本基金不同时滞的行业配置能力均值

（二）不同市场行情下行业配置能力分析

继续参照前文的市场行情分类方法，将 2006～2012 年划分为四个主要阶段，然后考察样本基金行业配置能力在不同市场行情下是否存在差异（见图 4-8 和图 4-9）。

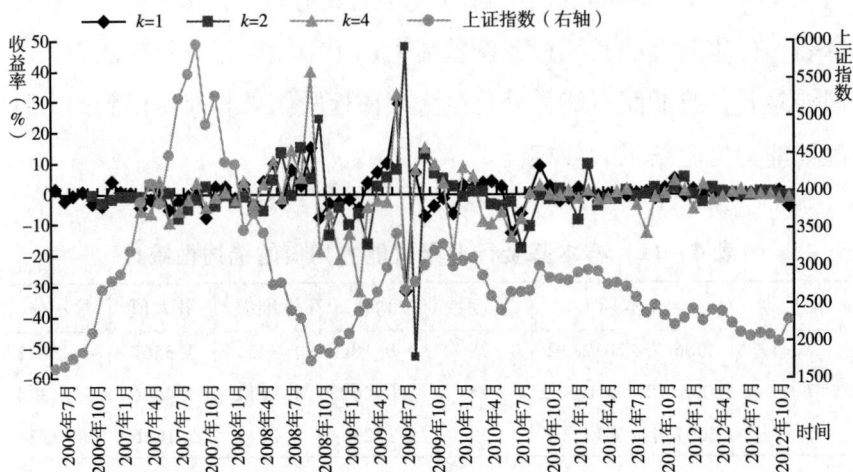

图 4-8 样本基金行业配置能力均值走势

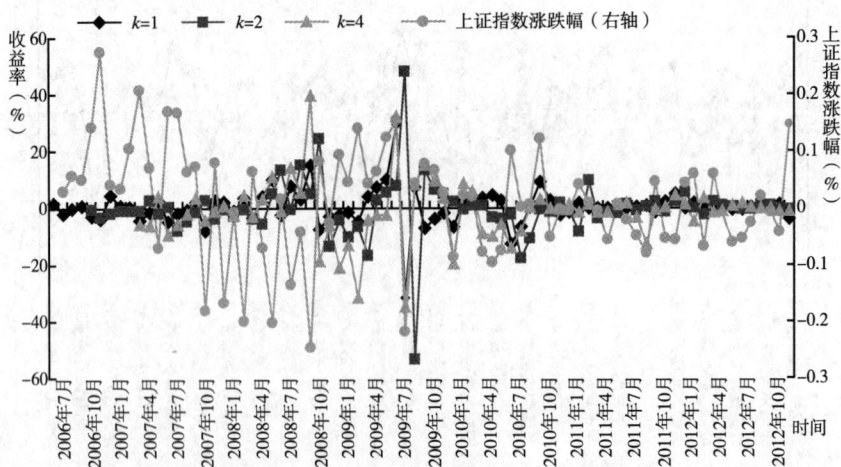

图 4-9 样本基金行业配置能力与市场波动对比

由统计结果可知，样本基金的行业配置能力与行情走势不再呈现明显的反向关系。样本基金的行业配置能力仅在第二阶段和第三阶段出现了分化，其他大部分时间都趋于一致。我国开放式基金行业配置扎堆现象比较严重，该检验结果与现实极为相符。

（三）不同投资类型基金的行业配置能力分析

进一步分析三种类型基金的行业配置能力是否存在差别，方差分析结果见表 4 – 12 至表 4 – 17。由统计结果可知，不同滞后期的 P 值均小于临界值，表明各组数据没有显著差异。这意味着，三种类型的基金的行业配置能力无显著差异。

综合来看，无论是个股配置还是行业配置，样本基金表现得都不尽如人意。进一步与市场行情走势相对照，发现个股配置能力与市场走势有微弱的负向关系，行业配置能力与市场走势的关系不明确。这些结论与国内外既有研究得到的结论并不完全一致。本书得到的结论意味着，对基金投资者或基金中的基金（FOF）来说，在

表 4 – 12　三组样本基金行业配置能力描述性统计（$k = 1$）

组别	N	均值	标准差	标准误	均值的 95% 置信区间 下限	均值的 95% 置信区间 上限	极小值	极大值
1	78	0.0195	6.43687	0.72883	– 1.4318	1.4708	– 30.41	27.27
2	78	0.1257	10.28139	1.16414	– 2.1924	2.4438	– 49.78	47.08
3	78	0.3888	6.43462	0.72858	– 1.0620	1.8396	– 28.81	27.31
总数	234	0.1780	7.89512	0.51612	– 0.8389	1.1949	– 49.78	47.08

表 4 – 13　行业配置能力方差分析结果（$k = 1$）

	平方和	df	均方	F	P
组间	5.638	2	2.819	0.045	0.956
组内	14517.925	231	62.848		
总数	14523.564	233			

表 4 – 14   三组样本基金行业配置能力描述性统计 （$k=2$）

组别	N	均值	标准差	标准误	均值95% 置信区间		极小值	极大值
					下限	上限		
1	75	-0.5688	10.21059	1.17902	-2.9181	1.7804	-50.56	44.42
2	75	-0.4958	13.40886	1.54832	-3.5809	2.5893	-66.11	62.68
3	75	-0.3320	10.48577	1.21079	-2.7446	2.0805	-53.51	48.58
总数	225	-0.4656	11.40930	0.76062	-1.9644	1.0333	-66.11	62.68

表 4 – 15   行业配置能力方差分析结果 （$k=2$）

	平方和	df	均方	F	P
组间	2.206	2	1.103	0.008	0.992
组内	29156.370	222	131.335		
总数	29158.576	224			

表 4 – 16   三组样本基金行业配置能力描述性统计 （$k=4$）

组别	N	均值	标准差	标准误	均值95% 置信区间		极小值	极大值
					下限	上限		
1	69	-1.7993	10.77895	1.29763	-4.3887	0.7901	-38.52	38.03
2	69	-0.9278	13.34146	1.60612	-4.1328	2.2771	-42.38	52.50
3	69	-0.8046	11.18992	1.34711	-3.4927	1.8835	-40.02	38.54
总数	207	-1.1772	11.77446	.81838	-2.7907	0.4362	-42.38	52.50

表 4 – 17   行业配置能力方差分析结果 （$k=4$）

	平方和	df	均方	F	P
组间	40.575	2	20.287	0.145	0.865
组内	28518.836	204	139.798		
总数	28559.410	206			

基金行业整体投资能力较弱的情况下，依据净值排名或其他指标挑选基金的策略有效性均不足。并且进一步分析可知，剔除 2007 年外部环境的影响，基金投资能力不足也是阻碍行业近期发展的因素之一。

第五节　本章小结

本章采用统计分析和实证检验相结合的方法，对"开放式基金投资能力之谜"进行深入分析，大致得到以下结论。

首先，首次将一个非参数检验法应用到我国开放式基金投资能力检验中，从资产配置角度发现，我国开放式基金投资能力整体不显著，所得研究结果与初始判断较为一致。我国开放式基金作为专业机构投资者的优势并未体现出来，这可能是阻碍行业发展的深层次原因之一。

其次，开放式基金投资能力不足主要体现在行业整体业绩较低、个股配置和行业配置有效性不显著等方面。除了标准配置能力不足，既有研究也发现开放式基金的动态资产配置能力不足。这为进一步寻求提升开放式基金投资能力的途径奠定了基础。

最后，本章使用的检验方法可避免对市场有效性的讨论，可应用于有效性程度不同的市场。同时，该方法无须使用业绩比较基准，可规避数据缺失的问题。深入应用该方法，可进一步获得有关开放式基金资产配置和投资能力的更多有益信息。

诚然，尚有另外两个方面的问题未在本章中深入讨论，但笔者并未忽略，对其亦有深入思考，在此做补充说明。其一，风险资产配置只是基金资产配置的一个部分，基金投资能力亦体现在对债券资产和无风险资产的配置上。本书对股票以外的资产配置省略处理，原因有三：第一，相对于股票市场，我国的债券市场并不发达，基金对债券资产的配置受制于现实环境；第二，本书主要关注风险资产配置，暂时未深入研究非风险资产配置对投资能力的影响，因此对债券资产配置的关注较少；第三，基于对积极资产管理的考察，本书选择偏股型开放式基金作为研究样本，其股票资产配置的比例高，其他资产配置的比例低，对投资能力的影响较弱。

其二，本章只检验了开放式基金投资能力的显著性，而未深入讨论投资能力的持续性问题。本书认为，投资能力是个动态概念。如果基金具有投资能力，即隐含了其投资能力具有持续性的特征；如果投资能力不显著，其持续性亦无从谈起。在本书中，样本基金投资能力的检验结果并不显著，因此对其持续性未做进一步讨论。

基于本章的研究结果，本书从下一章开始，分三个方面探讨提升基金投资能力的途径。

第五章 | 标准资产配置对投资能力影响的数理分析

第一节 概 述

上一章的实证检验表明，我国开放式基金的投资能力不足。本章借助标准资产配置分析框架，先从个股配置入手，给出提升开放式基金投资能力的一般解析形式。

在 Markowitz（1952）的均值—方差分析框架下，个股配置在研究和实践中逐渐演化成以下三个主要方面。

第一，有效证券增加或减少对个股配置的影响。

首次公开发行（Initial Public Offering，IPO）和特别转让（Particular Transfer，PT）是造成有效证券增减的主要原因。信息化技术发展和交易成本降低带来的全球资产配置则是另一个重要原因。吴立广（2010）对全球分散化资产配置策略进行了细致深入的研究，并利用16个主要股市1994～2008年的数据对该策略进行了检验。他的研究发现，在风险一定时，全球最优投资组合的收益率高于国内最优投资组合；在收益一定时，全球最优投资组合的标准差低于国内最优投资组合；如果按照风险调整收益来衡量，所有全球最优投资组合均优于纯粹的国内最优投资组合。

第二，杠杆投资和卖空机制对个股配置的影响。

杠杆投资也称保证金交易，利用数倍于原始资金的投资额博取更大收益，相应承担更多风险。巴林银行（Bank of Bahrain）和长期资本管理公司（Long-Term Capital Management，LTCM）都是杠杆投资的忠实拥趸，同时也是杠杆投资的悲剧诠释。国内融资融券[①]、股指期货业务的推出，完善了市场卖空机制。随着转融通[②]业务开闸，预计双边交易效应会更加显著。分级基金[③]的兴起亦为杠杆投资提供了鲜活的样本。虽然卖空机制和杠杆投资引起证券收益波动增大或减小的结论并未达成一致，但的确会对证券的风险—收益特征造成影响。

第三，证券之间相互扰动对个股配置的影响。

MPT假设证券之间的相关性是稳定的，不随证券数量增减而发生变化。但在市场有效性不足时，证券之间的相关关系具有时变性。此时，证券之间的扰动问题不可忽视。薛宏刚等（2005）指出当存在扰动时，投资组合风险价值会发生变化，从而对大规模的资产配置造成重要影响。

就上述某一方面的问题，既有研究已给出了相应的数理解释，从而在单个层面为个股配置提供了指导。本章则试图构建一个统一

---

① 融资融券业务，是指在证券交易所或者国务院批准的其他证券交易场所进行的证券交易中，证券公司向客户出借资金供其买入证券或者出借证券供其卖出，并由客户交存相应担保物的经营活动。2005年我国《证券法》确立了融资融券业务的合法地位，2008年10月启动融资融券试点，2010年3月正式开始进行交易。首批有6家券商获得试点资格。

② 转融通是指证券金融公司将自有或者依法筹集的资金和证券出借给证券公司，以供其办理融资融券业务的经营活动，包括转融券业务和转融资业务两部分。融资融券业务主要是券商把自有资金和自有证券出借给客户，转融通则是券商向证券金融公司借入资金和证券后转借给客户，实质上是证券金融公司对券商的融资融券。

③ 分级基金也称杠杆基金或对冲基金，是利用杠杆原理来赚钱的一类基金。由于政策限制，国内分级基金的杠杆多体现在利润分配上，而没有体现在投资手法上。我国第一只分级基金是2007年7月17日面世的国投瑞银瑞福，至2012年末已发展壮大到20多只。

的数理模型，对上述问题给出一个一般解析形式。由于个股配置最终会形成有效前沿，可通过观察有效前沿的漂移路径来考察对个股配置能力的影响。

本章仍以 Markowitz（1952）的均值—方差模型作为分析框架，从以下三个维度系统给出风险资产数量增加导致有效前沿漂移的数理解析形式：

一，存在无风险资产或不存在无风险资产；

二，允许卖空或不允许卖空（相当于存在杠杆或不存在杠杆）；

三，存在扰动或不存在扰动。

风险资产减少时的解析形式，其证明方式与本章的证明大致相同，不另做介绍。

第二节　模型假设

假设市场无摩擦，风险资产数量为 n，收益率为随机变量，无风险资产数量为 1，收益率固定。投资者财富已定，在 $n+1$ 种资产中进行资产配置。

在正式建模之前，先做如下定义：

r_f：无风险资产的收益率；

r_i：风险资产 i 的收益率，$i = 1,2,\cdots,n$；

$\overline{r}_i$：风险资产 i 的期望收益率 $E(r_i)$，$i = 1,2,\cdots,n$；

$\overline{R}_n$：风险资产的期望向量 $(\overline{r}_1,\overline{r}_2,\cdots,\overline{r}_n)^{\mathrm{T}}$；

σ_{ij}：风险资产 i 和 j 的协方差 $Cov(r_i,r_j)$，$i,j = 1,2,\cdots,n$；

w_i：风险资产 i 的配置比例，$i = 1,2,\cdots,n$；

W_n：投资于风险资产的策略 $(w_1, w_2, \cdots, w_n)^{\text{T}}$。

如果风险资产的收益线性不相关，则协方差矩阵 $V_n = (\sigma_{ij})_{n \times n}$ 是正定的，且风险资产分布连续。

当不存在无风险资产时，基于 **M - V** 的最优风险资产组合 P 由以下目标函数和约束条件得到

$$\min \sigma_P^2 = \sum_{j=1}^n \sum_{i=1}^n w_i w_j Cov(r_i, r_j)$$

$$\text{s. t.} \begin{cases} \sum_{i=1}^n w_i E(r_i) = \overline{r_P} \\ \sum_{i=1}^n w_i = 1 \end{cases} \tag{5-1}$$

其中，$\overline{r_P}$ 为投资者给定的目标收益率。此时，风险资产组合的最优投资权重和有效前沿分别为

$$W_n^* = V_n^{-1} (\overline{R_n}, e_n)^{\text{T}} \Omega_1^{-1} \begin{pmatrix} \overline{r_P} \\ 1 \end{pmatrix} \tag{5-2}$$

$$\sigma_P^2 = \frac{1}{\Delta_n} (A_n \overline{r_P}^2 - 2B_n \overline{r_P} + C_n) \tag{5-3}$$

其中，$e_n = (1, 1, \cdots, 1)^{\text{T}}$，$A_n = e_n^{\text{T}} V_n^{-1} e_n$，$B_n = e_n^{\text{T}} V_n^{-1} \overline{R_n}$，$C_n = \overline{R_n^{\text{T}}} V_n^{-1} \overline{R_n}$，$\Delta_n = A_n C_n - B_n^2$，$\Omega_1 = \begin{pmatrix} C_n & B_n \\ B_n & A_n \end{pmatrix}$。

由 V_n 的正定性，容易证明 $A_n > 0$，$B_n > 0$，$\Delta_n > 0$。

式（5-3）表明，σ_P^2 为 $\overline{r_P}$ 的函数，在 $(\sigma_P^2, \overline{r_P})$ 坐标系中，它表示一条双曲线，最小方差证券组合为该双曲线的右支，而有效前沿为右支的上半部分。全局最小方差证券组合（Global Minimum-Variance Portfolio）为双曲线右支的顶点，其期望收益和风险分别为

$$\overline{r}_G = \frac{B_n}{A_n}, \ \sigma_G^2 = \frac{1}{A_n} \qquad\qquad (5-4)$$

此时，有效前沿如图 5 - 1 所示。

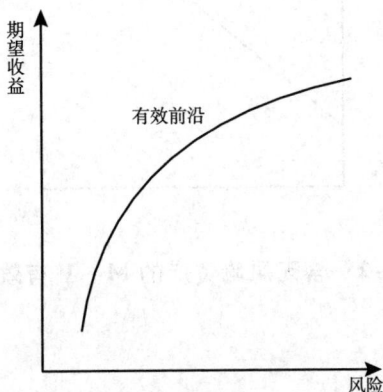

图 5 - 1　不含无风险资产的 M - V 有效前沿

当存在无风险资产时，基于 M - V 的最优资产组合由以下得到

$$\min \sigma_P^2 = \sum_{i=1}^{n} \sum_{j=1}^{n} w_i w_j Cov(r_i, r_j)$$

$$\text{s. t.} \ \sum_{i=1}^{n} w_i \overline{r}_i + (1 - \sum_{i=1}^{n} w_i) r_f = \overline{r}_P \qquad (5-5)$$

此时，最优投资权重和有效前沿分别为

$$W_n^* = V_n^{-1}(\overline{R}_n - n, r_f) \frac{\overline{r}_P - r_f}{T_n} \qquad\qquad (5-6)$$

$$\sigma_P^2 = \frac{(\overline{r}_P - r_f)^2}{T_n} \qquad\qquad (5-7)$$

其中，A_n、B_n 和 C_n 的含义同前，$T_n = A_n r_f^2 - 2 B_n r_f + C_n$。

此时，σ_P 与 $\overline{r}_P$ 为线性关系，有效前沿在坐标系内表示为一条直线，如图 5 - 2 所示。

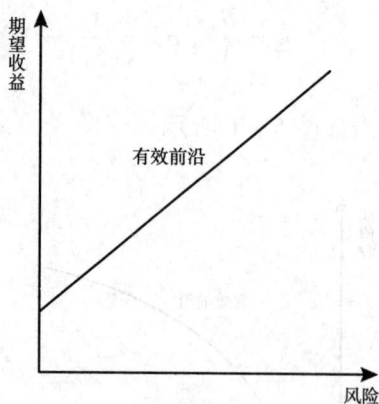

图 5 – 2　含无风险资产的 M – V 有效前沿

第三节　不含无风险资产时标准资产配置分析

在原有资产集 S_n 中加入 k 种有效证券，此时资产集记为 S_{n+k}。新加入证券的期望收益率和方差分别记为 $\overline{r}_{n+i}$、σ^2_{n+i}（$i = 1,2,\cdots,k$）。

新加入的证券对原证券的影响称为扰动。新证券的加入可能对原证券集的协方差矩阵不产生扰动，也可能产生扰动。如果不产生扰动，意味着新增加的证券与任一原证券均不相关。本章给出更一般的情形，即新证券的加入对原 n 种证券的期望收益产生扰动的情况。

记

$$\overline{R}'_n = (\overline{r}'_1, \overline{r}'_2, \cdots, \overline{r}'_n)^{\mathrm{T}}$$
$$\overline{R}_k = (\overline{r}_{n+1}, \overline{r}_{n+2}, \cdots, \overline{r}_{n+k})^{\mathrm{T}}$$
$$W'_n = (w'_1, w'_2, \cdots, w'_n)^{\mathrm{T}}$$
$$W_k = (w_1, w_2, \cdots, w_k)^{\mathrm{T}}$$

于是，$\overline{R}_{n+k} = (\overline{R}'_n, \overline{R}_k)$，$W_{n+k} = (W'_n, W_k)^{\mathrm{T}}$，$V_{n+k} =$

$(\sigma'_{ij})_{(n+k)\times(n+k)}$ 。

此时，最优投资组合可约化为以下线性规划问题。

$$\min\sigma_P^2 = \sum_{i=1}^{n+k}\sum_{j=1}^{n+k} w_i w_j Cov(r_i, r_j)$$

$$\text{s. t.}\begin{cases} \sum_{i=1}^{n+k} w_i E(r_i) = \overline{r}_P \\ \sum_{i=1}^{n+k} w_i = 1 \end{cases} \tag{5-8}$$

最终得到的最优投资权重和有效前沿为

$$W_{n+k}^* = V_{n+k}^{-1}(\overline{R}_{n+k}, e_{n+k})^{\mathrm{T}}\Omega^{-1}\begin{pmatrix}\overline{r}_P^2 \\ 1\end{pmatrix} \tag{5-9}$$

$$\sigma_P^2 = \frac{1}{\Delta_{n+k}}(A_{n+k}\,\overline{r}_P^2 - 2B_{n+k}\,\overline{r}_P + C_{n+k}) \tag{5-10}$$

其中 $A_{n+k} = e_{n+k}^{\mathrm{T}}V_{n+k}^{-1}e_{n+k}$, $B_{n+k} = e_{n+k}^{\mathrm{T}}V_{n+k}^{-1}\overline{R}_{n+k}$, $C_{n+k} = \overline{R}_{n+k}^{\mathrm{T}}V_{n+k}^{-1}\overline{R}_{n+k}$, $\Delta_{n+k} = A_{n+k}C_{n+k} - B_{n+k}^2$, $\Omega_2 = \begin{pmatrix} C_{n+k} & B_{n+k} \\ B_{n+k} & A_{n+k} \end{pmatrix}$ 。

并且，同样有 $A_{n+k} > 0$, $B_{n+k} > 0$, $\Delta_{n+k} > 0$ 。

记新证券对 σ_{ij} 的影响程度为 ε_{ij} ，称为扰动因子。由扰动因子构成的矩阵称为扰动矩阵，记为 D 。[①]

$$D = \begin{bmatrix} \varepsilon_{11} & \varepsilon_{12} & \cdots & \varepsilon_{1n} \\ \varepsilon_{21} & \varepsilon_{22} & \cdots & \varepsilon_{2n} \\ \vdots & \vdots & \ddots & \vdots \\ \varepsilon_{n1} & \varepsilon_{n2} & \cdots & \varepsilon_{nn} \end{bmatrix}$$

---

① 如果不存在扰动，则 $D = 0$ ，从而 $\Gamma = V_n$ 。该种情况是本书讨论的一般情况的特例，具体证明可参考侯为波、徐成贤《证券数增加情形下证券组合有效边缘特征灵敏度分析》，《工科数学》2002 年第 3 期。

可以证明，D 是正定矩阵。

记 V_{n+k} 为 $n+k$ 种证券收益率间的协方差矩阵，Γ 为受影响后的原 n 种证券的协方差矩阵。

由于新加入的证券为有效证券，式（5 – 11）成立

$$\Gamma = V_n - D \qquad\qquad (5-11)$$

当市场波动比较小时，可认为 $|\varepsilon_{ij}| < |\sigma_{ij}|$，因此有 $V_n > D$。可以证明，$V_n - D$ 仍是正定矩阵。

假设新加入的证券彼此相关且与原 n 种证券也相关，分别记为

$$\delta^{\mathrm{T}} = \begin{bmatrix} \sigma_{n+1,1} & \sigma_{n+1,2} & \cdots & \sigma_{n+1,n} \\ \sigma_{n+2,1} & \sigma_{n+2,2} & \cdots & \sigma_{n+2,n} \\ \vdots & \vdots & \ddots & \vdots \\ \sigma_{n+k,1} & \sigma_{n+k,2} & \cdots & \sigma_{n+k,n} \end{bmatrix}$$

$$M = \begin{bmatrix} \sigma_{n+1,n+1} & \sigma_{n+1,n+2} & \cdots & \sigma_{n+1,n+k} \\ \sigma_{n+2,n+1} & \sigma_{n+2,n+2} & \cdots & \sigma_{n+2,n+k} \\ \vdots & \vdots & \ddots & \vdots \\ \sigma_{n+k,n+1} & \sigma_{n+k,n+2} & \cdots & \sigma_{n+k,n+k} \end{bmatrix}$$

因此，投资集 S_{n+k} 的协方差矩阵为

$$V_{n+k} = \begin{pmatrix} \Gamma & \delta \\ \delta^{\mathrm{T}} & M \end{pmatrix} \qquad\qquad (5-12)$$

其逆矩阵为

$$V_{n+k}^{-1} = \begin{pmatrix} V_{11} & V_{12} \\ V_{12}^{\mathrm{T}} & V_{22} \end{pmatrix} \qquad\qquad (5-13)$$

其中 $V_{22} = (M - \delta^{\mathrm{T}}\Gamma^{-1}\delta)^{-1}$，$V_{12} = -\Gamma^{-1}\delta V_{22}$，$V_{11} = \Gamma^{-1} - V_{12}\delta^{\mathrm{T}}\Gamma^{-1} = \Gamma^{-1} + \Gamma^{-1}\delta V_{22}\delta^{\mathrm{T}}\Gamma^{-1}$。

由于

$$\Gamma^{-1} = (V_n - D)^{-1} = V_n^{-1} + V_n^{-1}(D^{-1} - V_n^{-1})^{-1}V_n^{-1} \quad (5-14)$$

因此

$$A_{n+k} = (e_n^T, e_k^T)\begin{pmatrix} V_{11} & V_{12} \\ V_{12}^T & V_{22} \end{pmatrix}\begin{pmatrix} e_n \\ e_k \end{pmatrix} \quad (5-15)$$

$$= e_n^T V_{11} e_n + 2e_n^T V_{12} e_n + e_k^T V_{22} e_k$$

将 V_{11}、V_{12} 和 V_{22} 代入式（5-15），可得

$$A_{n+k} = e_n^T(\Gamma^{-1} - V_{12}\delta^T\Gamma^{-1})e_n + 2e_n^T(-\Gamma^{-1}\delta V_{22})e_k + e_k^T V_{22} e_k$$

$$= e_n^T V_n^{-1} e_n + e_n^T V_n^{-1}(D^{-1} - V_n^{-1})^{-1}V_n^{-1}e_n^T$$

$$+ (e_n^T\Gamma^{-1}\delta - e_k^T)V_{22}(\delta^T\Gamma^{-1}e_n - e_k)$$

$$(5-16)$$

令 $\lambda = e_n^T V_n^{-1}(D^{-1} - V_n^{-1})^{-1}V_n^{-1}e_n^T$，$\alpha = (e_n^T\Gamma^{-1}\delta - e_k^T)$，$a = \lambda + \alpha V_{22}\alpha^T$，则有

$$A_{n+k} = A_n + a \quad (5-17)$$

又因为 $\lambda > 0$ 且 $\alpha V_{22}\alpha^T > 0$，所以 $A_{n+k} > A_n$。

同理可得

$$B_{n+k} = (e_n^T, e_n^T)\begin{pmatrix} V_{11} & V_{12} \\ V_{12}^T & V_{22} \end{pmatrix}\begin{pmatrix} \overline{R}_n \\ \overline{R}_k \end{pmatrix} \quad (5-18)$$

$$= B_n + e_n^T V_n^{-1}(D^{-1} - V_n^{-1})^{-1}V_n^{-1}\overline{R}_n$$

$$+ (e_n^T\Gamma^{-1}\delta - e_k^T)V_{22}(\delta^T\Gamma^{-1}\overline{R}_n - \overline{R}_k)$$

令 $\eta = e_n^T V_n^{-1}(D^{-1} - V_n^{-1})^{-1}V_n^{-1}\overline{R}_n$，$\beta^T = \delta^T\Gamma^{-1}\overline{R}_n - \overline{R}_k$，$b = \eta + \alpha V_{22}\beta^T$，则有

$$B_{n+k} = B_n + b \quad (5-19)$$

$$C_{n+k} = (\overline{R}_n^T, \overline{R}_k^T)\begin{pmatrix} V_{11} & V_{12} \\ V_{12}^T & V_{22} \end{pmatrix}\begin{pmatrix} \overline{R}_n \\ \overline{R}_k \end{pmatrix} \quad (5-20)$$

$$= C_n + \overline{R}_n^T V_n^{-1}(D^{-1} - V_n^{-1})^{-1}V_n^{-1}\overline{R}_n$$

$$+ (\overline{R}_n^T\Gamma^{-1}\delta - \overline{R}_k^T)V_{22}(\delta^T\Gamma^{-1}\overline{R}_n - \overline{R}_k)$$

令 $\mu = \overline{R}_n^{\mathrm{T}} V_n^{-1} (D^{-1} - V_n^{-1})^{-1} V_n^{-1} \overline{R}_n$，$c = \mu + \beta V_{22} \beta^{\mathrm{T}}$，故有

$$C_{n+k} = C_n + c \qquad (5-21)$$

又 $\mu > 0$，$\beta V_{22} \beta^{\mathrm{T}} > 0$，因此 $C_{n+k} > C_n$。

于是

$$\begin{aligned}
\Delta_{n+k} &= A_{n+k} C_{n+k} - B_{n+k}^2 \\
&= (A_n C_n - B_n^2) + (ac - b^2) + cA_n + aC_n - 2bB_n
\end{aligned} \qquad (5-22)$$

令 $\Delta_k = ac - b^2$，$\chi = cA_n + aC_n - 2bB_n$，所以

$$\Delta_{n+k} = \Delta_n + \Delta_k + \chi \qquad (5-23)$$

通过在 n 种证券中加入 k 种有效证券后有效前沿的系数分析，可得到以下结论。

结论1　如果在原资产集 S_n 中加入 k 种有效证券后，原 n 种证券的协方差矩阵改变，则投资组合有效前沿在 $(\sigma_P^2, \overline{r}_P)$ 坐标系中必向左漂移。

若 $\dfrac{B_n}{A_n} < \dfrac{b}{a}$，则有效前沿向左上漂移；

若 $\dfrac{B_n}{A_n} > \dfrac{b}{a}$，则有效前沿向左下漂移；

若 $\dfrac{B_n}{A_n} = \dfrac{b}{a}$，则有效前沿向左平行漂移，漂移距离由参数 a 决定。

证明：证券数目为 n 和 $n+k$ 种时的全局最小方差分别为[1]

$$\sigma_{G_n}^2 = \frac{1}{A_n}, \quad \sigma_{G_{n+k}}^2 = \frac{1}{A_{n+k}}$$

---

[1]　本书选择全局最小方差这个特殊点来证明有效前沿的漂移。实际上，考察任一最小方差组合的风险变化，可以得到同样的结论，具体证明过程可参考侯为波、徐成贤《证券组合 M－V 有效边缘动态分析》，《系统工程学报》2000 年第 1 期。

因为 $A_{n+k} = A_n + a$，而 $a > 0$，所以 $\frac{1}{A_n} > \frac{1}{A_{n+k}}$，即 $\sigma^2_{G_n} > \sigma^2_{G_{n+k}}$。

证券数目为 n 和 $n+1$ 种时的全局最小方差所对应的收益分别为 $\frac{B_n}{A_n}$ 和 $\frac{B_{n+k}}{A_{n+k}}$，而

$$\frac{B_n}{A_n} - \frac{B_{n+k}}{A_{n+k}} = \frac{A_n(B_n + b) - B_n(A_n + a)}{A_n A_{n+k}} = \frac{bA_n - aB_n}{A_n A_{n+k}} \quad (5-24)$$

显然，$A_n A_{n+k} > 0$，若 $\frac{B_n}{A_n} < \frac{b}{a}$，则有效前沿向左上漂移；若 $\frac{B_n}{A_n} > \frac{b}{a}$，则有效前沿向左下漂移；若 $\frac{B_n}{A_n} = \frac{b}{a}$，则有效前沿向左平行漂移。

这表明，随着有效证券的加入，全局最小方差将分别严格变小，而参数 a 是随证券数目变化时全局最小方差的灵敏度的一个度量。其经济含义是随着有效证券的加入，投资者的投资集扩大，扩大程度由参数 a 来决定。

结论 2　如果在原资产集 S_n 中加入 k 种有效证券且原 n 种证券的协方差矩阵改变，则在 $(\sigma^2_P, \overline{r}_P)$ 坐标系中投资组合有效前沿开口变大。

证明：资产集 S_n 和 S_{n+k} 有效前沿渐近线的斜率分别为

$$k_n = \left(\frac{\Delta_n}{A_n}\right)^{\frac{1}{2}}，\quad k_{n+k} = \left(\frac{\Delta_{n+k}}{A_{n+k}}\right)^{\frac{1}{2}}$$

假设 $k_n > k_{n+k}$，即

$$\left(\frac{\Delta_n}{A_n}\right)^{\frac{1}{2}} > \left(\frac{\Delta_{n+k}}{A_{n+k}}\right)^{\frac{1}{2}}$$

整理得到

$$aB_n^2 + 2bA_n B_n - A_n(ac - b^2) - cA_n^2 < 0 \quad (5-25)$$

考察式（5-25）关于 B_n 的判别式

$$\Delta = -(ac - b)(aA_n + A_n^2) < 0 \qquad (5-26)$$

又由式（5-25）中二次项系数 $a > 0$，而 $\Delta < 0$，故 $k_n > k_{n+k}$ 不成立。假设错误，于是 $k_n < k_{n+k}$。

根据双曲线渐近线的性质，加入有效证券后的有效前沿开口变大（见图5-3）。该结论的经济含义是随着有效证券的加入，风险溢价变大，即投资者在同样的风险的条件下增加了投资组合的期望收益。

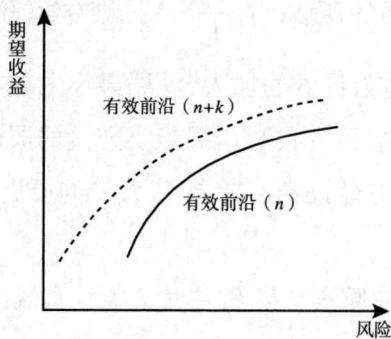

图5-3 加入 k 种有效证券后有效前沿漂移

结论3　如果在原资产集 S_n 中加入 k 种有效证券且原 n 种证券的协方差矩阵改变，则原投资组合的可行集完全落在新的投资组合可行集内，即 $S_n \subset S_{n+k}$。

证明：求解资产集 S_n 和资产集 S_{n+k} 的有效前沿构成的方程组，可得关于 $\overline{r}_P$ 的方程

$$A\,\overline{r}_P^2 - 2B\,\overline{r}_P + C = 0 \qquad (5-27)$$

其中

$$A = A_n\Delta_k + A_n\chi - \Delta_n a,\ B = B_n\Delta_k + B_n\chi - \Delta_n b,\ C = C_n\Delta_k + C_n\chi - \Delta_n c$$

考察式（5－27）关于 $\overline{r}_P$ 的判别式

$$\Delta = B^2 - AC = -\Delta_n\Delta_k\Delta_{n+k} < 0 \qquad (5-28)$$

可以证明 $A > 0$，因此变化前后的有效前沿相离。结合结论 2，可得 $S_n \subset S_{n+k}$。

第四节　包含无风险资产时标准资产配置分析

如果投资集内有 n 种风险资产和 1 种无风险资产，加入 k 种有效证券后，此时均值—方差投资组合模型为

$$\min\sigma_P^2 = \sum_{j=1}^{n+k}\sum_{i=2}^{n+k} w_i w_j Cov(r_i, r_j)$$

$$\text{s. t. } \sum_{i=1}^{n+k} w_i E(r_i) + \left(1 - \sum_{i=1}^{n+k} w_i\right) r_f = \overline{r}_P \qquad (5-29)$$

此时的有效前沿为

$$W_{n+k} = V_{n+k}^{-1}(\overline{R}_{n+k} - r_f, e_{n+k})\frac{\overline{r}_P - r_f}{T_{n+k}} \qquad (5-30)$$

$$\sigma_P^2 = \frac{(\overline{r}_P - r_f)^2}{T_{n+k}} \qquad (5-31)$$

其中 $A_{n+k} = e_{n+k}^{\mathrm{T}} V_{n+k}^{-k} e_{n+k}$，$B_n = e_{n+k}^{\mathrm{T}} V_{n+k}^{-k} \overline{R}_{n+k}$，$C_{n+k} = \overline{R}_{n+k}^{\mathrm{T}} V_{n+k}^{-k} \overline{R}_{n+k}$，$T_{n+k} = A_{n+k} r_f^2 - 2B_{n+k} r_f + C_{n+k}$。

同前述分析，可继续得到以下结论。

结论 4　如果在原资产集 S_n 中加入 k 种有效证券后，原 n 种证券的协方差矩阵改变，则投资组合有效前沿在 $(\sigma_P^2, \overline{r}_P)$ 坐标系中的斜率变大。

证明：资产集 S_n 和 S_{n+k} 的有效前沿的斜率分别为

$$k_n = T_n^{\frac{1}{2}} , k_{n+k} = T_{n+k}^{\frac{1}{2}}$$

于是

$$
\begin{aligned}
k_{n+k} - k_n &= T_{n+k}^{\frac{1}{2}} - T_n^{\frac{1}{2}} \\
&= (A_{n+k}r_f^2 - 2B_{n+k}r_f + C_{n+k}) - (A_n r_f^2 - 2B_n r_f + C_n) \\
&= ar_f^2 - 2br_f + c \\
&= (\lambda + V_{22}\alpha^2)r_f^2 - 2(\eta + V_{22}\alpha\beta)r_f + \mu + V_{22}\beta^2 \\
&= (\lambda r_f^2 - 2\eta r_f + \mu) + V_{22}(\alpha r_f - \beta)^2
\end{aligned}
$$

$$(5-32)$$

考察 $\lambda r_f^2 - 2\eta r_f + \mu$ 的判别式，因为

$$
\begin{aligned}
\lambda &= e_n^{\mathrm{T}} V_n^{-1} (D^{-1} - V_n^{-1})^{-1} V_n^{-1} e_n^{\mathrm{T}} \\
\eta &= e_n^{\mathrm{T}} V_n^{-1} (D^{-1} - V_n^{-1})^{-1} V_n^{-1} \overline{R}_n^{\mathrm{T}} \\
\mu &= \overline{R}_n^{\mathrm{T}} V_n^{-1} (D^{-1} - V_n^{-1})^{-1} V_n^{-1} \overline{R}_n
\end{aligned}
$$

且 $\eta^2 - \lambda\mu < 0$，而 $\lambda > 0$，故 $\lambda r_f^2 - 2\eta r_f + \mu > 0$。又 $V_{22}(\alpha r_f - \beta)^2 > 0$，所以

$$k_{n+k} - k_n = (\lambda r_f^2 - 2\eta r_f + \mu) + V_{22}(\alpha r_f - \beta)^2 > 0 \quad (5-33)$$

该结论的经济含义是，随着资产集中有效证券的加入，投资者在同样的风险情况下增加了期望收益，即增加了风险溢价。（见图 5-4）

并且，进一步可以得到如下结论。

结论 5　在包含无风险资产的条件下，如果在原资产集 S_n 中加入 k 种有效证券且原 n 种证券的协方差矩阵改变，在 $(\sigma_P^2, \overline{r}_P)$ 坐标系中有：

第一，有效前沿绕 $(0, r_f)$ 逆时针旋移了 $\arctan T_{n+k}^{\frac{1}{2}} - \arctan T_n^{\frac{1}{2}}$；

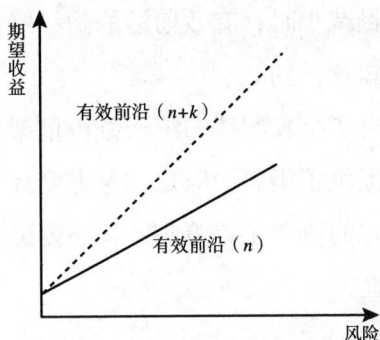

图 5 - 4 加入 k 种有效证券后有效前沿漂移

第二，在相同的目标收益下，由于有效证券的加入和扰动，投资组合风险降低了 $(T_{n+k}^{-\frac{1}{2}} - T_n^{-\frac{1}{2}})(\overline{r}_P - r_f)$ ；

第三，在相同的风险下，加入有效证券后投资期望收益提高了 $(T_{n+k}^{\frac{1}{2}} - T_n^{\frac{1}{2}})\sigma_P^2$ 。

当剔除 k 种无效证券后，原 $n - k$ 种证券间的协方差矩阵改变时的有效前沿漂移问题同样可以根据上述方法证明。本章不再详细论述。

第五节 本章小结

开放式基金的资产配置受市场环境和制度规范的制约，在理论研究和实践操作中必须予以重视。在 Markowitz 的资产选择分析框架下，依据均值—方差准则，可将不同限制条件下的证券选择纳入一个统一的分析框架中。在有效证券增加的情况下，本章的逻辑推导和数理演绎显示，有效前沿会发生相应的漂移。有效证券的识别和快速筛选变得至关重要，这对行业配置亦提出了更高要求。

当有效证券数量减少时，有效前沿的漂移路径正好相反，相应的证明过程可参考本章得到。

本章的研究给出了个股配置的统一分析框架，为提升开放式基金的个股配置能力提供了指引。但是，考虑到我国开放式基金并未严格执行完全分散化的资产配置策略，有必要进一步从行业层面给出解决问题的办法。

第六章 | 个股和行业资产配置对投资能力影响的实证研究

第一节 概 述

基金管理人在资产配置时，不仅须重视个股选择，同时要兼顾行业因素。综合考虑个股选择和行业配置以提升开放式基金的投资能力，是本章拟解决的问题。

行业配置对提升开放式基金投资能力的重要性在本书第二章中已有详细论述，本章不再重复讨论。问题的关键在于，执行何种行业配置策略能获得更好效果。对此，当前研究大致可分为以下三个方面。

第一，行业集中配置策略和行业分散配置策略对投资能力的影响。

Kacpertczyk 等（2005）和 Brands 等（2005）的研究提出了衡量基金行业配置集中度的指标。他们分别对美国和澳大利亚的积极投资型基金进行研究，发现执行行业集中配置策略的基金具有更好的业绩。其后，Baks 等（2006）发现持股集中的基金的年化收益率比持股分散的基金高4%。

国内研究得到了相反的结论。陈小新等（2007）比较了七种国际化投资组合的投资绩效，结果显示执行行业分散策略的效果相对更好。解洪涛和周少甫（2008）、孔东民等（2010）随后也指出，行业配置过度集中给基金带来的损失大于收益，基金投资组合的行业集中度与基金业绩之间存在显著的负相关关系。这表明在国内市场环境下，综合考虑宏观经济周期对不同行业的影响，有利于减少对行业基本面和公司信息的依赖，行业越分散组合的绩效相对越优。

第二，行业配置羊群行为对投资能力的影响。

基金的行业配置羊群行为是指基金在行业配置上的相关性，即不同基金先后买入同一个行业的股票，或先后卖出同一个行业的股票。Choi 和 Sias（2009）针对美国市场的研究发现，机构投资者在行业配置层面存在明显的羊群行为。饶育蕾等（2004）较早指出，我国基金的行业配置存在明显的羊群行为。徐信忠等（2011）随后也得到了相同结论，并且进一步指出，该行为不完全是基金个股的羊群行为在行业层面的反映，也不完全由基金的风格投资行为所驱动。虽然未有研究专门考察羊群行为与投资能力之间的关系，但由于羊群行为可能来自基金管理人迫于业绩排名压力的短期窗饰行为（Windows Dress Behavior）或委托—代理机制下的道德风险，会在一定程度上对投资能力造成负面影响。

第三，成长型行业配置策略和价值型行业配置策略对投资能力的影响。

价值型投资（Value Investing）和成长型投资（Growth Investing）是两种主要的资产配置策略。通常认为，价值型投资是指投资于市场价格低于内在价值的资产，成长型投资是指投资于高于平均增长水平的资产。两种投资策略都与风格投资有关。

赵坚毅等（2005）对国内基金的投资风格进行了分析，发现多以大盘价值型为主。这表明，国内的基金管理人更愿意从市场波动中寻求机会。虽然如此，基金风格一致性不足广泛存在，对不同投资策略与投资能力之间关系的研究存在困难。

考虑到行业集中配置和分散配置对投资能力的影响尚无统一结论，羊群行为对投资能力的影响亦难有定论，本章仅考察成长型资产配置风格对投资能力的影响。但行业选择与个股选择不同，行业特征不能用风险—收益简单刻画，因此难以套用均值—方差分析范式。本章首先创新性地提出一个较好的刻画行业特性的指标，并认为该指标有助于行业选择；其次利用一组平衡面板数据（Panel Data），对个股选择和行业配置的有效性进行实证研究，获得了与预期一致的结果。

本章的研究在于进一步丰富和完善标准配置能力的相关理论。

第二节　研究设计

行业特性与个股特性不同，一个重要的区别在于行业特性变化缓慢，在短期内变化并不明显。在理论和实践中把握这种区别，需要将检验周期适当拉长。

本章的实证检验选择 2000～2011 年共 12 个年份的长周期作为样本区间。考虑到行业配置在防御型行业中可能并不显著，因此借鉴马慧敏和刘传哲（2009）对成长型行业的研究结果，只选择 6 个按证监会划分的成长型行业作为实证分析对象，分别是传播与文化业、金融服务业、采掘业、房地产业、批发与零售业、机械仪表业。股票样本采集时剔除以下公司：第一，被特别处理的公司；第二，市盈率为负的公司；第三，发行 B 股的公司。如此处理后，最终得到 79 家样本公司的年度数据，共 948

个观测值（见表 6 - 1）。

实证数据仍来源于聚源数据库，数据分析软件使用 Eviews 6.0。

表 6 - 1　样本列表

序号	名称	序号	名称	序号	名称	序号	名称	序号	名称
1	安徽合力	17	格力电器	33	京能置业	49	山推股份	65	阳光股份
2	百大集团	18	冠城大通	34	京山轻机	50	上柴股份	66	一汽轿车
3	北京城建	19	国恒铁路	35	开元投资	51	上实发展	67	益民集团
4	北京城乡	20	国药一致	36	辽宁成大	52	深发展 A	68	银基发展
5	博瑞传播	21	哈空调	37	林海股份	53	苏州高新	69	友好集团
6	长安汽车	22	海立股份	38	柳工	54	泰山石油	70	友谊股份
7	长城电工	23	航天电子	39	陆家嘴	55	特变电工	71	宇通客车
8	大冷股份	24	航天机电	40	美的电器	56	万科 A	72	豫园商城
9	东安动力	25	合肥百货	41	绵世股份	57	万业企业	73	云内动力
10	东北证券	26	宏图高科	42	名流置业	58	五矿发展	74	招商地产
11	东风汽车	27	华润万东	43	南京高科	59	西安民生	75	浙江东日
12	泛海建设	28	华域汽车	44	南宁百货	60	香溢融通	76	浙江震元
13	飞乐音响	29	交运股份	45	宁波富达	61	新黄浦	77	郑州煤电
14	凤凰光学	30	金融街	46	农产品	62	新世界	78	中船股份
15	佛山照明	31	金丰投资	47	浦东金桥	63	新华百货	79	中国医药
16	福星股份	32	金龙汽车	48	荣丰控股	64	烟台冰轮		

一　变量定义

（一）被解释变量

本章以个股年度投资收益率为被解释变量，简洁反映了投资者的投资获利能力。计算时对年末前复权价格做一阶差分，并且忽略红利再投资的影响。

（二）解释变量

1. 公司特质

既有研究多用每股收益（EPS）增长率来表示公司特质。但该指标会受股票拆分、增发等影响，并且易受人为操控，因此难以准确反映现实状况。借鉴刘小军和高俊山（2009）的研究结果，本章选择营业收入增长率作为公司特质指标，相关数据直接从聚源数据库中获得。

2. 公司和行业领先系数

本书将个股市盈率定义为每股市价与每股盈利之比，行业市盈率定义为行业内所有公司的平均市盈率，市场市盈率定义为市场内所有公司的平均市盈率。

一般认为，行业市盈率水平受行业竞争结构、景气度、成长性等因素的影响。不同行业的市盈率水平存在差异。如果行业有投资价值，行业中的公司一般也具有投资价值，投资平均回报较高的行业中的公司通常也能获得较高回报。反之，如果行业的投资价值较低，行业中的公司的期望回报也会比较低。市场市盈率水平与市场结构、成熟度和所处周期阶段等有关。如果宏观经济增长强劲、资本市场结构合理，则市场市盈率会维持在一个较低的水平。反之，则市场市盈率过高，产生股市泡沫。

本章中公司市盈率选取年末静态市盈率，行业和市场市盈率均选择年末动态市盈率（剔除亏损和被特殊处理的股票），所有数据直接从聚源数据库中获得。

在正式建模之前，先做如下定义。

定义 1　公司领先系数 LP_c 等于个股市盈率与同期行业市盈率之比。

$$LP_c = \frac{PE_c}{PE_I} \qquad (6-1)$$

其中，PE_c 代表公司市盈率，PE_I 代表行业市盈率。LP_c 代表公司在所处行业中的地位，也代表了该公司的投资吸引度。第 t 期内

LP_C 的变化用 K_C 表示，即

$$K_{C,t} = \frac{LP_{C,t}}{LP_{C,t-1}} \tag{6-2}$$

K_C 表示公司在行业中地位的变化。$K_{C,t} > 1$，表明公司在行业中的地位上升；$K_{C,t} < 1$，表明公司在行业中的地位下降；对于行业领先公司，假设其在行业中的地位没有发生变化，即 $K_{C,t} = 1$。

定义 2   行业领先系数 LP_I 等于行业市盈率与同期市场市盈率之比。

$$LP_I = \frac{PE_I}{PE_M} \tag{6-3}$$

其中，PE_M 代表市场市盈率。LP_I 代表公司所处行业在市场中的地位，也代表了该行业的投资吸引度。令 K_I 表示行业在市场中地位的变化，即

$$K_{I,t} = \frac{LP_{I,t}}{LP_{I,t-1}} \tag{6-4}$$

它可看成是经济周期波动的函数。当行业被市场看好时，$K_{I,t} > 1$；反之，$K_{I,t} < 1$；当该行业在市场中的地位保持不变时，$K_{I,t} = 1$。

如果某行业在市场中的地位不断攀升，即 $K_{I,t} > 1$，则认为该行业具有投资价值。

二   理论分析

在使用 NPV 模型对某只股票估值时，现值、终值与每股盈利之间存在如下关系。

$$\frac{P_T}{(1 + IRR)^T} + \sum_{t=1}^{T} \frac{PMT}{(1 + IRR)^t} - P_0 = 0 \qquad (6-5)$$

其中，P_0 是现值，代表期初 $t = 0$ 时的股价；P_T 是终值，代表期末 $t = T$ 时的股价；PMT 是每股盈利；T 是投资期限；IRR 是内部收益率，也可看成投资收益率。

现值和终值可分别由对应的市盈率与每股盈利得到

$$P_0 = EPS_0 \times PE_{C,0} \qquad (6-6)$$
$$P_T = EPS_T \times PE_{C,T} \qquad (6-7)$$

对于成长型公司，为简单计，假设在投资期内每股盈利按一定的增长率 g 增长，即

$$EPS_T = EPS_0 \times (1 + g)^T \qquad (6-8)$$

我国上市公司分红较少，成长型公司的股息率较低，因此可忽略 PMT 的影响。令 $PMT = 0$，将式（6-6）至式（6-8）代入式（6-5），得到

$$\ln(1 + IRR) = \ln(1 + g) + \frac{1}{T}\ln\frac{PE_{C,T}}{PE_{C,0}} \qquad (6-9)$$

令 $K_{M,T} = \dfrac{PE_{M,T}}{PE_{M,0}}$，代表市场估值水平的变化或市场增长情况。由于

$$\frac{PE_{C,T}}{PE_{C,0}} = \frac{PE_{C,T}}{PE_{I,T}} \times \frac{PE_{I,T}}{PE_{M,T}} \times \frac{PE_{M,T}}{PE_{M,0}} / \frac{PE_{I,0}}{PE_{M,0}} \times \frac{PE_{I,0}}{PE_{C,0}} = K_{C,T} \times K_{I,T} \times K_{M,T}$$

则

$$\ln(1 + IRR) = \ln(1 + g) + \frac{1}{T}(\ln K_{C,T} + \ln K_{I,T} + \ln K_{M,T})$$

$$(6-10)$$

当 IRR 和 g 较小时，即得到本章需要用到的行业配置实证模型

$$IRR = g + \frac{1}{T}(\ln K_{C,T} + \ln K_{I,T} + \ln K_{M,T}) \qquad (6-11)$$

式（6-11）表明，股票投资收益与公司特质、公司在行业中的地位变化、行业惯性和市场周期状况有关。如果某公司特质较好，处于新兴行业，在行业中的地位不断提升，其所处行业在市场中的地位也不断攀升，市场本身也处在高速发展期，则投资该公司的收益可能相对较高。否则，如果经济或行业处于下降周期，或者公司在竞争中被逐渐赶超或淘汰，则投资回报率可能会受到侵蚀。

第三节　实证检验与结果分析

一　描述性统计

变量观测值描述性统计结果如表 6-2 所示。由表 6-2 可知，收益率的均值为 19.87%，标准差是 87.26%，表明在整个样本区间，样本公司投资收益率较高，波动性也较大。数据统计结果与成长型行业及公司的市场波动特征较为吻合。$\ln K_C$ 和 $\ln K_I$ 的均值均大于 0，即公司领先系数和行业领先系数变化值均大于 1，表明样本公司在行业内的相对地位在提高，样本公司所处行业具有惯性，与预期相吻合。$\ln K_M$ 的均值小于 0，市场市盈率水平下降，说明在整个样本区间，市场的整体估值中枢下移，可认为市场的泡沫成分在减少，理性程度在提高。进一步分析变量的峰度和偏度值可知，变量均呈现一定的"尖峰肥尾"特征，表明市场在一定程度上非完全有效。

表 6 – 2 变量观测值描述性统计

单位：%

变量	符号	均值	中值	标准差	最小值	最大值
收益率	IRR	19.8685	– 10.7571	87.2621	– 89.0504	633.6770
公司成长性	g	26.4288	16.1455	69.7327	– 97.7688	1332.0200
公司领先系数	$\ln K_C$	0.0155	0.0089	0.7058	– 3.6137	3.8119
行业领先系数	$\ln K_I$	0.0169	0.0289	0.1297	– 0.6351	0.6432
市场成长性	$\ln K_M$	– 0.0956	– 0.2154	0.4446	– 0.9800	0.5542

二 模型构建和回归分析

（一） 数据平稳性检验和模型选择

面板数据也称平行数据或混合数据，是时间序列数据与截面数据的结合，是指在时间序列上取多个截面，在这些截面上同时选取样本观测值所构成的样本数据。面板数据从横截面上看，是由若干个体在某一时刻构成的截面观测值，从纵剖面上看是一个时间序列。

面板数据回归模型分为固定效应模型（Fixed Effect Model）和随机效应模型（Random Effect Model）两种，通常使用 LM 检验或 Hausman 检验来决定使用何种模型。其中后者的使用较为普遍。

使用面板数据检验前，数据须通过平稳性检验，否则可能出现伪回归。本书使用的数据均通过一阶差分或对数一阶差分获得，使用单位根检验（Unit Root Test）的结果显示，数据均是平稳序列。Hausman 检验的结果见表 6 – 3。

表 6 – 3 Hausman 检验

平方和	自由度	P 值
5.7100	4	0.2219

由表 6 – 3 的检验结果可知，在 5% 的显著性水平下，不能拒绝随机效应模型的原假设。

（二）回归结果分析

本书考察的是个股和行业配置的有效性，而非仅仅检验其对个股的适用性，因此进一步选择随机效应变截距模型做回归分析，所使用检验模型如下

$$IRR_{it} = c_i + \beta_1 g_{it} + \beta_2 (\ln K_C)_{it} + \beta_3 (\ln K_I)_{it} + \beta_4 (\ln K_M)_{it} + \mu_{it}$$
$$i = 1, 2, \cdots, 79; t = 1, 2, \cdots, 12 \qquad (6 – 12)$$

回归结果如表 6 – 4 所示。

表 6 – 4　实证检验结果

变量	系数	标准差	P 值
C	30.1543 *** (13.5377)	2.2274	0.0000
g	0.0582 ** (1.9787)	0.0294	0.0481
$\ln K_C$	8.6206 *** (2.9661)	2.9064	0.0031
$\ln K_I$	88.3281 *** (5.6023)	15.7665	0.0000
$\ln K_M$	141.0180 *** (30.7540)	4.5854	0.0000

注：括号内为 t 检验值，*** 和 ** 分别代表在 1% 和 5% 的水平下显著。

此时 $R^2 = 0.5162$，$F = 251.2686$，$t = 0.0000$，$DW = 1.97$。

由检验结果可知，各变量的影响系数为正，且均在统计上显著。这意味着，依据该策略得到的个股配置和行业配置对投资收益均有显著影响，并且影响方向与假设一致。同时，模型整体具有较好的解释能力。

如果进一步对收益结果进行分解，可发现公司特质对其造成的影响，与行业特质造成的影响基本相当，二者均在 1.5% 左右。这再次证明了本章的初始假设。

第四节　模型稳健性检验

为进一步考察实证检验结论的可靠性，继续从两个方面对模型进行稳健性检验。

第一，考察行业配置有效性是否与行业自身特质有关，即不同行业是否存在差异。为此控制样本公司的行业属性，定义如下虚拟变量

$$IND_j = \begin{cases} 1, & \text{如果属于第 } j \text{ 个行业}, j = 1,2,3,4 \\ 0, & \text{其他} \end{cases}$$

其中，IND_1 代表房地产业，IND_2 代表机械设备制造业，IND_3 代表金融业，IND_4 代表批发零售业。此时模型的 Hausman 检验和 F 检验结果仍显示要选择随机效应变截距模型，所用模型和检验结果分别见式（6-13）和表6-5。

$$IRR_{it} = c_i + \alpha_j D_{ij} + \beta_1 g_{it} + \beta_2 (\ln K_C)_{it} \\ + \beta_3 (\ln K_I)_{it} + \beta_4 (\ln K_M)_{it} + \mu_{it} \quad (6-13)$$

表6-5　控制行业差异的实证检验结果

变量	α/β	标准差	P
C	29.2917 ** (2.3049)	12.7084	0.0214
g	0.0577 (1.9617)	0.0294	0.0501

续表

变量	α/β	标准差	P
$\ln K_C$	8.4900 *** (2.9217)	2.9058	0.0036
$\ln K_I$	93.0347 *** (5.7346)	16.2234	0.0000
$\ln K_M$	141.2833 *** (30.8570)	4.5786	0.0000
IND_1	−0.2753 (−0.0208)	13.2520	0.9834
IND_2	0.4095 (0.0313)	13.0784	0.9750
IND_3	27.7246 (1.5382)	18.0241	0.1243
IND_4	0.2230 (0.0168)	13.2356	0.9866

注：括号内为 t 检验值，*** 和 ** 分别代表在 1% 和 5% 的水平下显著。

此时，$R^2 = 0.5197$，$F = 127.0221$，$t = 0.0000$，$DW = 2.01$。

可见，将行业作为控制变量后，除公司特质变量未通过检验外，其他解释变量的影响仍然是显著的；并且 R^2 稍微增大，表明模型总体上仍是有效的，且解释能力略有上升。但是，控制变量的系数均没有通过显著性检验，说明模型的有效性不受行业特质的影响，进一步验证了行业配置对投资收益影响的普遍性。

第二，分别用"（期末固定资产 - 上期末固定资产）/上期末固定资产"来代替公司特质，用 GDP 增长率来代替市场估值变化，重新检验式（6 - 12）和式（6 - 13）。所得到的稳健性检验结果与前述结论十分接近，表明本章实证检验结果具有很好的稳健性。

第五节 本章小结

开放式基金的标准资产配置能力与个股选择和行业配置有关。本章的量化分析和实证检验获得了以下两点结论。

第一，利用公司或行业在市场中的相对地位变化进行资产配置具有有效性，且该资产配置策略不受行业特性的限制。

该资产配置策略背后的含义在于，个股或行业的成长性和竞争优势是创造价值的源泉，影响企业价值创造的多种内外部因素最终会通过企业的增长能力和竞争优势集中体现出来。基金管理人在做资产收益预测时，不妨追踪这两个直观指标。

第二，该种资产配置策略与市场有效性程度无关，并且受市场周期波动的影响较小。

本章所使用的量化模型中，公司和行业领先指标刻画了公司相对行业、行业相对市场的位置，类似于人在船中而船在水中。经过该种技术处理后，不仅能规避估值水平的横向和纵向绝对比较的差异问题，而且能够消除个股和行业受市场大幅震荡的影响。此外，该模型还可免于对收益率序列概率分布特征的讨论，因此能适应成熟或新兴等有效性程度不同的市场。

需要说明的是，本章的分析仍属于标准资产配置的范畴，对动态资产配置决策的关注较少。实际上，投资收益作为公司价值创造的结果，虽然在长期内由内在价值决定，但在短期内可能会受投资者情绪或市场波动性的影响。本书将在下一章对动态资产管理问题做进一步讨论，继续完善投资能力分析框架。

第七章　动态资产配置对投资能力影响的实证研究

第一节　概　述

开放式基金的动态资产配置包括对个股的配置，也包括对行业的配置。动态资产配置能力既与开放式基金对资产风险—收益特征的认识和刻画有关，也与其动态资产管理策略有关。

在动态构建和维护最优投资组合时，除获得证券的风险—收益特征外，精确测度投资对象（不同资产、行业、板块或个股）间的相关关系也是十分必要的。这不仅有助于快速分散投资组合的风险，而且有利于降低最优投资组合动态维护的成本。

既有研究提供了多种投资组合的动态构建和优化方法，包括自适应共振（Adaptive Resonance Theory，ART）神经网络模型、支持向量机（Support Vector Machine，SVM）、聚类分析（Cluster Analysis，CA）、主成分分析（Principal Component Analysis，PCA）和粗糙集（Rough Sets，RS）等。上述方法多属于线性映射方法，具有应用局限性。余乐安和汪寿阳（2009）提出了一种改进的基于核函数（Kernel Function）的核主元聚类（Kernel Principal Component Clustering，KPCC）非线性抽样方法，该方法综合考虑了上市公司的财务指标，可将个股分为蓝筹、绩优、一般和垃圾四类。见静和高岳林（2012）则借助动态文化粒子群算法（Dynamic Particle Swarm Optimization based on Cultural Algorithm，DCA – PSO）解决投资组合优化问题。

KPCC 方法由线性范式跨到非线性范式，具有一定的创新性，但仍存在局限性。其一，越来越多的研究已经指出，企业价值与非财务因素同样存在较强关系。因此仅以财务指标作为证券选择的依据，虽然在操作上比较便捷，但原理的科学性有待验证。其二，KPCC 以类内距离最小、类间相似度最低为分类标准，没有明确给出不同类别之间的数量关系，无法对组合构建提供精确指导，更无法验证组合风险的降低程度。其三，该种方法仅适合个股选择，无法应用于没有独特财务指标的不同资产、市场、行业或板块的选择。对于 DCA – PSO 算法，由于其需要多次迭代，且结果依赖于种群规模和置信水平的选择，同样难言高效。

随着量化投资思潮的兴起和拓扑学（Topology）、金融物理学等交叉学科的不断发展，精确进行资产配置和动态优化投资组合逐渐成为可能。借助拓扑学的相关概念，Benzécri（1984）首先对超度量空间（Ultrametric Space）与指数分层结构（Index Hierarchical Structure）之间的关系做了深入研究。其后，金融物理学的创始人之一 Mantegna（1999）沿用指数分层结构算法获得了道琼斯工业平均指数和 S&P 500 两个指数组合的超度量空间，发现由此得到的资产分类结果不仅与行业属性较为一致，而且具有稳定性。该算法假设价格（或指数）信息是资产属性的最好反映，以资产间的精确数量关系作为配置决策的基础。指数分层结构算法的过程清晰，易于程序化，近年来逐渐获得了市场的认可和重视。

本章首先对指数分层结构算法进行适当改进，以便于与经典投

资组合理论衔接起来；其次，依据资产配置的内在要求，首次尝试
将其应用到动态资产配置中，为个股选择、行业资产或地区资产选
择提供量化指引；最后，使用该算法重新为一组给定的样本股构建
最优投资组合，并将结果与原有文献结论相对照，不仅获得了组合
规模与风险分散之间关系的新的有益结论，而且发现其有利于提高
投资收益，改善投资能力。

第二节 算法基本原理

参照 Mantegna（1999）提出的方法，本章基于亚超度量空间
（Subdominant Ultrametric Space）构造投资对象（市场、行业、板
块或个股）的指数分层结构树（Index Hierarchical Structure Tree，
IHST）。本章同时还将考察组合规模与风险分散之间的关系，因此
对原算法做了适当改进。

改进的指数分层结构算法具体步骤如下。

第一步，对于任意 n 个投资对象的收益率序列 r_i，计算其在某
一时间段 T 内的相关系数 ρ_{ij}

$$\rho_{ij} = \frac{\sum_{t=1}^{T} (r_i - \overline{r_i})(r_j - \overline{r_j})}{\sqrt{\sum_{t=1}^{T} (r_i - \overline{r_i})^2} \sqrt{\sum_{t=1}^{T} (r_j - \overline{r_j})^2}} \quad (7-1)$$

第二步，对于 n 维向量 $\tilde{r}_i$ 的各分量 $\tilde{r}_{ik}$，定义投资对象之间的
欧氏距离（Euclidean Distance）d_{ij} 为

$$d_{ij}^2 = (\tilde{r}_i - \tilde{r}_j)^2 = \sum_{k=1}^{n} (\tilde{r}_{ik} - \tilde{r}_{jk})^2 \quad (7-2)$$

其中 $\tilde{r}_i = \dfrac{r_i - \overline{r}_i}{\sqrt{\sum\limits_{t=1}^{T} r_i^2 - \left(\sum\limits_{t=1}^{N} r_i\right)^2}}$ 。由于 $\sum\limits_{k=1}^{n} \tilde{r}_{ik}^2 = 1$, $\sum\limits_{k=1}^{n} \tilde{r}_{ik}\tilde{r}_{jk} = \rho_{ij}$,

于是

$$d_{ij} = \sqrt{2(1 - \rho_{ij})} \qquad\qquad (7-3)$$

对于价格随时间变化的两项资产，可以证明式（7-3）定义的距离满足度量距离所必须满足的三条性质。

第三步，为使上述欧氏距离满足一定的拓扑结构（Topological Structure），定义收益率序列之间的超度量距离（Ultrametric Distance）为

$$\hat{d}_{ij} \leqslant \max\{\hat{d}_{ik}, \hat{d}_{kj}\} \qquad\qquad (7-4)$$

由此获得一个 $n \times n$ 超度量空间。

第四步，由式（7-3）可知 $\hat{d}_{ij}$ 与 ρ_{ij} 成反比，表明对象之间的相关关系越小，彼此之间的距离越大。有别于 Mantegna（1999）采用最小生成树（Minimal Spanning Tree）进行对象分类，本书借助克鲁斯卡尔算法（Kruskal Algorithm），获得确定关联的 n 个对象的最大生成树（Maximum Spanning Tree），进而得到一个唯一的亚超度量空间。该亚超度量空间仍是具有准确定义的拓扑结构，对应唯一的指数分层结构，即唯一的投资对象分类结果。

第五步，在最大生成树基础上获得 n 个投资对象的唯一 IHST。

由上述步骤可知，定义在亚超度量空间下的投资对象之间的距离与其相关关系一一对应，IHST 确定的分类结果精确反映了投资对象之间的相关性大小。如果利用 IHST 得到的资产选择结果在不同时间段内都具有稳定性，则不仅可以据此降低动态构建和维护最优投资组合的成本，而且可以揭示市场的系统性风险水平。

第三节 算例及算法稳定性检验

一 算例分析

（一）样本选择

本章选择申万一级共 23 个行业指数作为样本对象，样本区间选择 2000 年 1 月 4 日至 2012 年 8 月 1 日，共得到 3041 个日对数收益率观察值。所有数据均来自聚源数据库，分析软件使用 Eviews 6.0。

样本行业收益率序列的描述性统计见表 7 - 1。

表 7 - 1 样本描述性统计

行业	简称	均值	中值	最大值	最小值	标准差	偏度	峰度
采掘	CJ	0.0474	0.0293	9.5286	-10.3104	2.2166	0.0410	5.4189
房地产	DC	0.0292	0.0630	9.4044	-9.7532	2.1248	-0.2573	5.6201
电子	DZ	0.0047	0.0897	9.4198	-9.5035	2.0869	-0.4383	5.3183
纺织服装	FZ	0.0158	0.0794	9.2629	-9.6991	1.9701	-0.5850	6.7139
公用事业	GY	0.0149	0.0409	9.4912	-9.8125	1.7434	-0.3397	6.8292
化工	HG	0.0155	0.1032	9.3307	-9.1764	1.8208	-0.3088	5.9664
黑色金属	HS	0.0189	0.0472	9.4429	-9.6850	1.9888	-0.1373	6.3147
家用电器	JD	0.0213	0.0694	9.3597	-9.4410	1.9130	-0.1168	5.7910
金融服务	JR	0.0227	-0.0200	9.5244	-9.4842	1.9897	0.1745	6.0313
交通运输	JT	0.0136	0.0610	9.5413	-10.0511	1.7956	-0.3385	7.0903
机械设备	JX	0.0344	0.1065	9.3835	-8.7099	1.8720	-0.3305	5.9336
交运设备	JY	0.0251	0.0798	9.0183	-9.6396	1.9299	-0.3369	6.0312
建筑建材	JZ	0.0250	0.1010	9.2850	-9.1702	1.8489	-0.2612	5.9604

续表

行业	简称	均值	中值	最大值	最小值	标准差	偏度	峰度
旅游餐饮	LY	0.0311	0.1032	9.3275	-9.7985	2.0660	-0.3525	5.7857
农林牧渔	NL	0.0159	0.0987	9.2254	-9.6138	2.0286	-0.3618	5.9159
轻工制造	QG	0.0075	0.1106	9.3826	-10.0192	1.9541	-0.5767	6.8186
商业贸易	SM	0.0333	0.1062	9.2897	-9.6795	1.8280	-0.3073	6.0609
食品饮料	SP	0.0577	0.0617	9.2116	-9.3152	1.6854	-0.0245	6.5071
信息服务	XF	0.0097	0.0380	9.4661	-10.0596	1.9621	-0.2019	5.9221
信息设备	XS	-0.0022	0.0332	9.2997	-9.3159	2.0497	-0.2336	5.3256
有色金属	YS	0.0394	0.0892	9.4985	-10.1288	2.3209	-0.2297	5.3348
医药生物	YY	0.0419	0.0867	9.1096	-9.1102	1.7885	-0.3421	6.2257
综合	ZH	0.0112	0.1141	9.2046	-9.7417	2.0430	-0.5507	5.9180

由表 7 - 1 可知，第一，在统计区间内除信息设备行业外，其他 22 个行业的日收益率均值均大于 0，表明这些行业都取得了净增长，并且在统计上显著。该统计结果与我国经济过去十几年的持续高速增长情况相吻合。第二，除金融服务业外，其他 22 个行业的日收益率中值均大于 0，表明这些行业并不服从严格的正态分布，而是稍微右偏。第三，除采掘和金融服务两个行业外，其他 21 个行业的日收益率偏度均小于 0，表明这些行业有较长的左肥尾。第四，23 个行业的日收益率的峰度均大于 3，表明均具有尖峰。上述检验结果表明我国股票市场仍未达到强式有效。

另外，本章继续计算得到 23 个行业在 2000 ~ 2011 年每年的相关系数最小值和最大值（见表 7 - 2）。由统计结果可知，在 12 年间，各行业相关系数的最大值都超过 0.9，最小值都大于 0 且最低仍超过 0.3。表明我国各行业总体表现出较强的趋同性，表明市场具有同涨同跌的可能，一定程度上解释了开放式基金投资能力整体偏弱的问题。

表 7-2 样本行业相关系数

年份	最小值	最大值
2000	0.320	0.939
2001	0.687	0.979
2002	0.759	0.990
2003	0.517	0.953
2004	0.604	0.956
2005	0.640	0.953
2006	0.347	0.909
2007	0.501	0.941
2008	0.628	0.975
2009	0.546	0.964
2010	0.306	0.946
2011	0.530	0.954

（二）算法结果

应用指数分层结构算法得到 23 个行业的亚超度量空间矩阵和 IHST，如表 7-3 和图 7-1 所示。

由分类结果可知，金融服务业与其他行业的距离最大，相关性最强，这与其行业特性相吻合；农业、医药等周期性较弱的行业，与其他行业的相关性也较强；交通运输、化工和建筑建材则表现出与其他行业较弱的相关性，这可能是因为过去十几年我国的基础设施建设投入较大，这些行业受国民经济景气度影响较小，从而表现出一定的市场独立性。

二 算法稳定性检验

为检验算法结果的稳定性，进一步使用 23 个行业 2009～2012 年每年的日收益率序列，获得近 4 年的 IHST，结果如图 7-2（a）至图 7-2（d）所示。

表 7 - 3 样本行业的亚超度量空间矩阵

行业	DC	DZ	FZ	GY	HG	HS	JD	JR	JT	JX	JY	JZ	LY	NL	QG	SM	SP	XF	XS	YS	YY	ZH
CJ	0.767	0.824	0.785	0.762	0.719	0.776	0.792	0.824	0.701	0.763	0.767	0.745	0.824	0.824	0.782	0.774	0.824	0.791	0.824	0.812	0.824	0.786
DC		0.767	0.767	0.762	0.719	0.767	0.767	0.767	0.701	0.763	0.767	0.745	0.767	0.767	0.767	0.767	0.767	0.767	0.767	0.767	0.767	0.767
DZ			0.785	0.762	0.719	0.776	0.792	0.828	0.701	0.763	0.767	0.745	0.828	0.828	0.782	0.774	0.828	0.791	0.828	0.812	0.828	0.786
FZ				0.762	0.719	0.776	0.785	0.785	0.701	0.763	0.767	0.745	0.785	0.785	0.782	0.774	0.785	0.785	0.785	0.785	0.785	0.785
GY					0.719	0.762	0.762	0.762	0.701	0.763	0.767	0.745	0.762	0.762	0.762	0.762	0.762	0.762	0.762	0.762	0.762	0.762
HG						0.719	0.719	0.719	0.701	0.763	0.767	0.745	0.719	0.719	0.719	0.719	0.719	0.719	0.719	0.719	0.719	0.719
HS							0.776	0.776	0.701	0.763	0.767	0.745	0.776	0.776	0.776	0.774	0.776	0.776	0.776	0.776	0.776	0.776
JD								0.792	0.701	0.763	0.767	0.745	0.792	0.792	0.782	0.774	0.792	0.791	0.792	0.792	0.792	0.786
JR									0.701	0.763	0.767	0.745	0.831	0.871	0.782	0.774	0.834	0.791	0.852	0.812	0.866	0.786
JT										0.701	0.701	0.701	0.701	0.701	0.701	0.701	0.701	0.701	0.701	0.701	0.701	0.701
JX											0.763	0.763	0.763	0.763	0.763	0.763	0.763	0.763	0.763	0.763	0.763	0.763
JY												0.767	0.767	0.767	0.767	0.767	0.767	0.767	0.767	0.767	0.767	0.767
JZ													0.745	0.745	0.745	0.745	0.745	0.745	0.745	0.745	0.745	0.745
LY														0.831	0.782	0.774	0.831	0.791	0.831	0.812	0.831	0.786
NL															0.782	0.774	0.834	0.791	0.852	0.812	0.866	0.786
QG																0.774	0.782	0.782	0.782	0.782	0.782	0.782
SM																	0.774	0.774	0.774	0.774	0.774	0.774
SP																		0.791	0.834	0.812	0.834	0.786
XF																			0.791	0.791	0.791	0.786
XS																				0.812	0.852	0.786
YS																					0.812	0.786
YY																						0.786

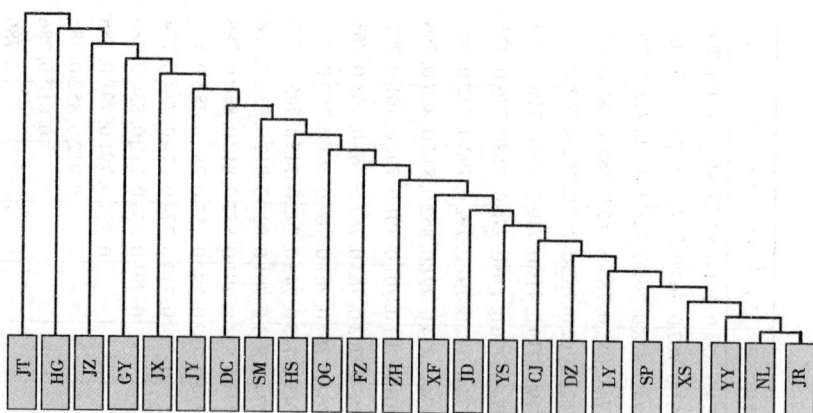

图 7-1　样本行业的 IHST

　　总体来看，虽然各行业的相关性程度在各年略有差异，但顺序并未发生大的改变（见图 7-2）。金融服务业与其他行业的相关性总是最强的，医药或食品饮料行业次之，建筑建材或商业贸易行业相对最弱。检验结果表明依据该算法得到的资产选择结果具有较好的稳定性。对于个别行业的排序变化，我们认为可能与经济周期和板块轮动有关。

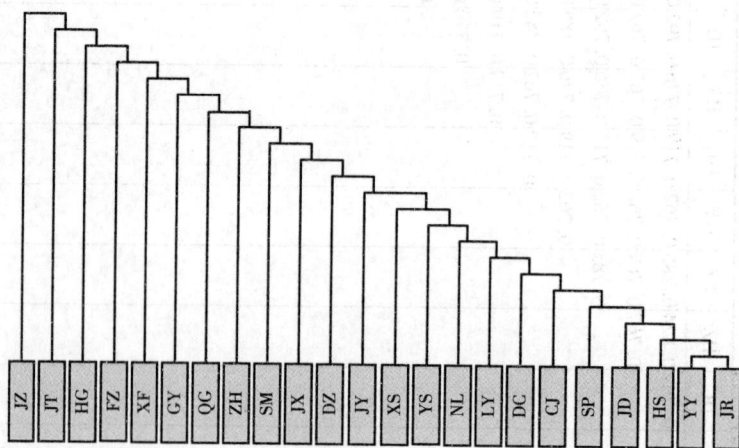

（a）2009年

（b）2010年

（c）2011年

（d）2012年

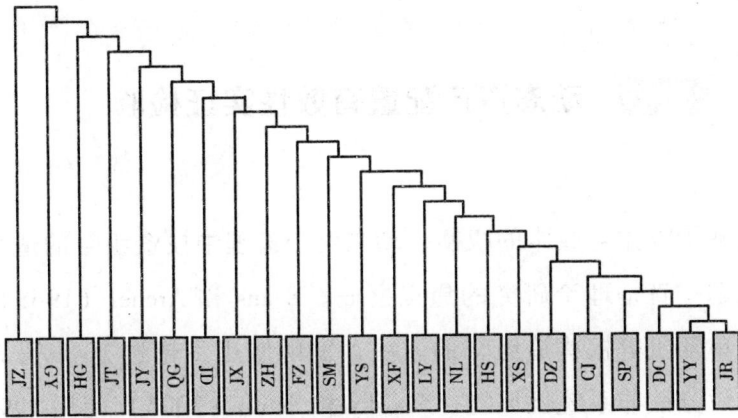

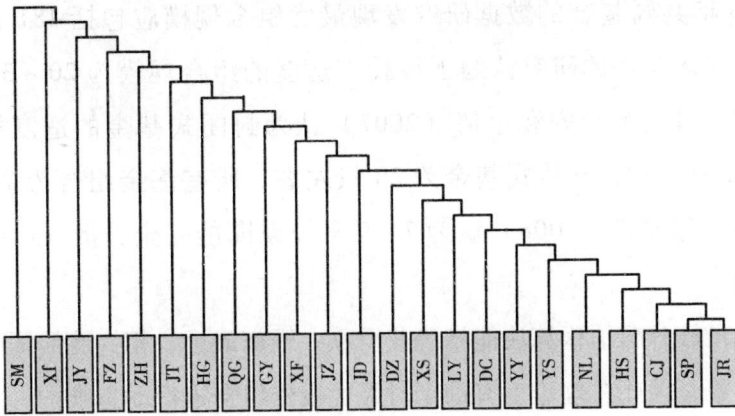

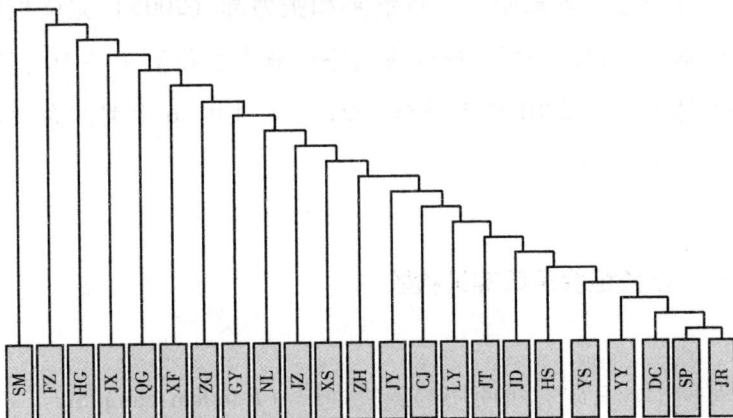

图 7 – 2 样本行业各年度的 IHST

第四节 动态资产配置有效性实证检验

基于收益与成本的权衡，动态资产管理中投资组合的适度规模问题一直是理论研究的焦点之一。Evans 和 Archer（1968）采用简单随机等权构造组合的方法，发现使用不超过 10 只股票就能有效分散非系统性风险。Shawky 和 Smith（2005）使用 1992～2000 年共同基金的数据研究发现最优组合规模应包括 481 只股票。国内早期的研究认为上海股市适度的组合规模为 20～30 只股票。其后黄少安和韦倩（2007）认为封闭式基金的适度规模为 22 只左右，开放式基金为 28 只左右，所有基金组合为 73 只左右。陈健等（2008）认为 7～9 只股票即能完全分散非系统性风险。

指数分层结构算法能精确获得欧式距离最远、相关性最弱的投资对象，因此在理论上有助于对最优投资组合进行动态维护。为验证算法有效性，本章使用与杨继平和张力健（2005）完全相同的股票样本和区间，利用同样的收益率计算方法得到上证 50 指数中 36 只样本股票从 2001 年 5 月至 2004 年 4 月共 36 个月的月收益率序列（见表 7 - 4）。

一　投资组合风险实证检验

有别于既有研究所使用的随机抽样（Random Sampling）方法，本章利用指数分层结构算法重新依次构建不同规模的等权重组合。组合风险的计算使用式（7 - 5）

表7-4　实证个股样本

序号	证券代码	证券简称	序号	证券代码	证券简称	序号	证券代码	证券简称
1	600643	爱建股份	13	600098	广州发展	25	600008	首创股份
2	600652	爱使股份	14	600812	华北制药	26	600018	上港集团
3	600019	宝钢股份	15	600038	哈飞股份	27	600171	上海贝岭
4	600705	ST航投	16	600221	海南航空	28	600009	上海机场
5	600811	东方集团	17	600664	哈药股份	29	600104	上汽集团
6	600832	东方明珠	18	600609	金杯汽车	30	600688	S上石化
7	600006	东风汽车	19	600808	马钢股份	31	600642	申能股份
8	600033	福建高速	20	600016	民生银行	32	600717	天津港
9	600601	方正科技	21	600863	内蒙华电	33	600805	悦达投资
10	600795	国电电力	22	600000	浦发银行	34	600887	伊利股份
11	600602	仪电电子	23	600100	同方股份	35	600649	城投控股
12	600637	百视通	24	600839	四川长虹	36	600895	张江高科

$$\sigma_P = \sqrt{\sum_{i=1}^{N}(1/N)^2\sigma_i^2 + \sum_{i,j=1(i\neq j)}^{N}(1/N)^2Cov(r_i,r_j)} \quad (7-5)$$

对于只包含1只股票的组合，本章取36只样本股票的平均风险作为其组合风险。两种组合构建方法所得到的组合规模与组合风险关系对比结果如表7-5和图7-3所示。

表7-5　组合规模与组合风险关系

单位：%

股票个数	1	2	4	6	8	10	12	14	16	18
组合风险*	9.29	7.93	7.16	6.74	6.63	6.54	6.43	6.36	6.29	6.25
组合风险**	8.84	4.50	4.35	4.34	4.56	4.55	4.51	4.37	4.38	4.25

股票个数	20	22	24	26	28	30	32	34	36	
组合风险*	6.24	6.22	6.21	6.18	6.17	6.17	6.14	6.11	6.11	
组合风险**	4.16	4.16	4.23	4.28	4.26	4.36	4.31	4.36	4.39	

注：*为杨继平和张力健的计算结果，**为本书的计算结果。

资料来源：杨继平、张力健：《沪市股票投资组合规模与风险分散化关系的进一步研究》，《系统工程理论与实践》2005年第10期。

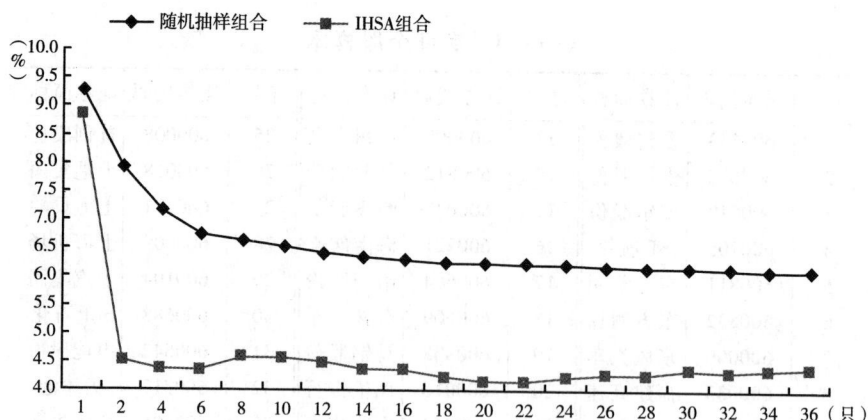

图 7 - 3 组合规模与组合风险关系

两种组合构建方法得到的实证结果差异非常明显。进一步分析上述结果可得以下三点结论。

第一，与随机抽样方法相比，依据指数分层结构算法构建的投资组合风险随规模扩大下降速度更快，表明算法有助于更快分散投资组合的非系统风险。

第二，依据指数分层结构算法构建的投资组合规模在 20 ~ 22 只时，组合风险达到最小。此后若进一步扩大组合规模，组合风险反而呈上升趋势。这表明国内投资组合的最优规模既非国外研究得到的 10 只或 481 只，也无须达到吴世农和韦绍永（1998）所指出的 34 只。考虑到交易成本对投资组合的风险调整收益有重要影响，本书揭示的较小的投资组合规模具有重要的现实意义。

第三，关于沪市系统性风险占总风险的比例，施东晖（1996）认为在 80% 左右，吴世农和韦绍永（1998）认为在 75% 左右，杨继平和张力健（2005）认为在 65.18% 左右。本书的实证结果则表明，沪市系统性风险占比在 47% ~ 50%。本书的算法显然有助于揭示市场真实的系统性风险水平。

二　投资组合收益实证检验

为考察指数分层结构算法的有效性，继续使用上述 36 只股票样本，分别利用该算法和随机抽样方法得到两个包含 22 只股票的等权重投资组合。然后以 2004 年 4 月 30 日为起点，比较其在持有至随后各个月末的总收益率。检验结果如图 7 – 4 所示。

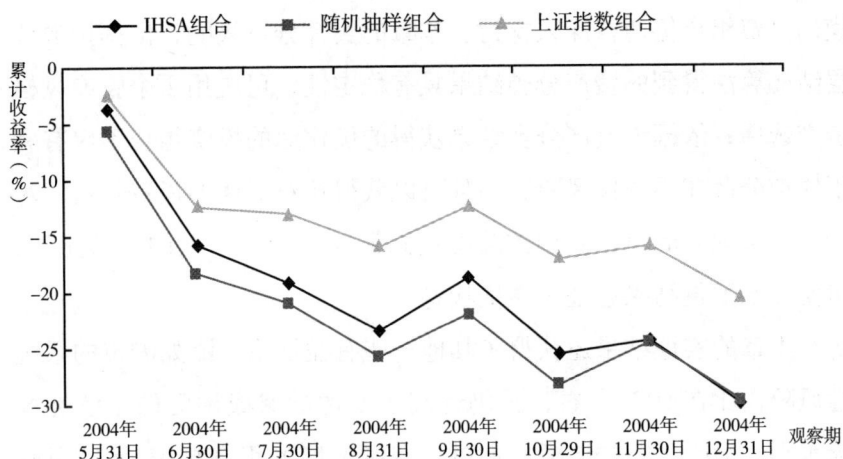

图 7 – 4　不同投资组合收益率对比

由实证结果可知，采用指数分层结构算法得到的投资组合，在其后 7 个月内，总收益率都优于随机抽样组合的总收益率，表明该算法的确有助于进行证券选择。如果进一步考虑资产配置权重的影响，我们预计二者收益率的差距会更加显著。随着时间推移，两个投资组合的收益率的差距有缩小的趋势。这可能是因为选入的证券的风险—收益特征和相关关系已发生了变化。若继续对投资组合进行动态维护，预计可以维持二者之间的收益率差距。

遗憾的是，两种方法得到的投资组合的收益率都低于同期上证指数组合的收益率。这可能与抽样范围存在局限性有关，同时再次表明资产选择的重要性。

第五节　本章小结

分散化策略为构建最优投资组合提供了指导，但执行风格投资策略时，如何精确量化投资对象之间的关系，从而动态维护适度规模的投资组合仍值得深入探讨。本章的实证分析表明，依据指数分层结构算法得到的资产分类结果具有稳定性，可应用于个股或风格资产选择；依据该资产分类结果获得的优化后的投资组合不仅有利于快速分散非系统性风险，而且可以获得相对更优的投资收益。对于基金管理人而言，利用该算法动态调整个股或行业的配置比例，可使资产配置结果总处于最优状态。

本章的实证结果还获得了其他一些有益结论。比如沪市的系统性风险占比在 50% 左右，虽仍远高于发达国家或地区的系统性风险水平，但比预想的要低。此外，我国适度的组合规模为 20 只股票，若进一步扩大规模反而会推高组合风险。考虑到交易费用对投资业绩的侵蚀，上述结论具有重要的现实指导意义。

第八章 | 结论与展望

第一节 研究结论

基于对价值管理理论的深入思考和持续深化研究，本书主要研究我国开放式基金的投资能力问题。有别于前人的研究，本书将开放式基金的投资能力定义为资产配置能力，并进一步将其分解为标准资产配置能力和动态资产配置能力，其中标准资产配置包括个股资产配置、行业资产配置和地区资产配置三个方面。

在非线性市场中，本书首次系统考察了"开放式基金投资能力之谜"。本书建立了开放式基金投资能力的概念体系，然后使用与概念内涵相一致的检验方法，对我国开放式基金投资能力进行了详细考察。本书使用的检验方法有诸多优点，所得到的投资能力检验结果不仅有助于开放式基金进行内部对比，而且还可以将其作为整体与其他资产类别进行对比。这不仅有助于普通投资者做出投资某只基金的决策，更重要的是，有助于其做出是否要配置基金产品的理性判断。

基于上述构想，本书以我国 77 只开放式基金为研究样本，使用量化分析方法，对相关问题进行了深入研究，主要得到了以下结论。

第一，基于非参数测度方法，我国开放式基金投资能力整体不显著。

我国开放式基金投资能力不显著表现在两个方面。从统计分析看，行业整体盈利能力不足，基金份额持有人与其他各参与方相比，得少失多；多数开放式基金未能超越业绩比较基准。从实证研究看，开放式基金的个股配置能力和行业配置能力多数未通过显著性检验。开放式基金投资能力不显著不仅不利于资本市场的资源优化配置，也不利于居民财富的保值增值。

幸运的是，从动态分析可知，开放式基金在长周期下的资产配置能力要略优于中短周期。这可能暗示，开放式基金与普通投资者相比，追求的投资期限更长，分析资产收益走势的视界更宽广。

第二，我国开放式基金投资能力不显著与市场非完全有效相悖。

如果市场完全有效，任何投资者都无法获得"免费午餐"。但证券市场被证明是非强式有效和非线性的。市场有效性不足催生出诸多市场异象，市场异象又进一步促使风格投资策略的产生，并成为行业或板块配置的理论基础。开放式基金在不完美市场中无法体现出超越一般投资者的投资能力，这可能是阻碍行业发展的重要原因。

第三，开放式基金的投资能力与资产配置密切相关。

开放式基金投资能力受多种因素影响，包括资产配置、基金经理特征、投资风格、制度环境等。由于受资产配置的影响最大，可将资产配置能力作为其投资能力的近似观察指标。进一步将开放式基金的投资能力从横向和纵向进行分离，不仅避免了对比较基准的挑选，而且剔除了基金管理人被动获得市场涨跌的好处，更能真实地反映基金管理人的主动能力。

第四，基于均值—方差准则的个股配置策略和基于 NPV 估值模型的资产选择策略能有效提升开放式基金的标准资产配置能力。

本书基于均值—方差准则建立的个股配置分析模型，被证明有助于优化最优投资组合，使有效前沿朝预期方向漂移。基于 NPV 估值模型的资产配置策略提供了一个个股和行业配置的统一分析框架，实证检验其是有效的，且有效性不受市场效率的影响，亦不受市场周期波动的影响。

第五，开放式基金的动态资产配置能力通过应用适当方法能获得提升。

指数分层结构算法精确度量了资产选择对象之间的数量关系，以此获得的资产分类结果具有稳定性。依据该算法自上而下构建最优投资组合，不仅有利于降低非系统性风险，而且有利于获得更高的收益。同时，该算法还有助于揭示市场系统性风险的真实水平，从而检验市场建设的成效。

本书的研究结论对我国证券市场参与各方具有重要意义。对于以开放式基金为代表的机构投资者，有助于其从根本上发掘驱动行业可持续发展的核心因素，并且寻求提升投资能力的有效途径；对于广大居民或普通投资者，有助于其合理配置财富，切实分享改革开放的政策红利和经济发展的成果；对于证券监管部门，有助于其将市场监管从宏观层面深入到微观层面，使市场建设更具针对性；对于基金评级等中介机构，提供了一套完整的有别于净值排名的评价体系，且该体系更能反映基金管理人的真实能力。

第二节 研究展望

一 本书不足之处

本书研究建立在 Markowitz 均值—方差分析框架之上，同时也创新性地使用了其他量化分析方法。本书虽然获得了一些有益结论，但不可否认的是还存在一些不足。这些不足有的是客观条件限制造成的，有的与研究设计不周密有关。

第一，研究样本的局限性。本书仅使用我国 2005 年中期以前成立的 77 只偏股型开放式基金为研究样本。2006 年后，我国基金行业经历了爆发式发展，至 2012 年年末，各类基金总数已有 1300 多只，偏股型开放式基金亦接近 700 只。相比之下，样本容量在后期占比偏低。如果能将其后新发行的同类型基金不断纳入本书中来，采用非平衡数据做实证检验，所得结论的可靠性可能更强。

另外，使用 PCM 方法测算开放式基金的投资能力时，仅使用样本基金的十大重仓股和十大重仓行业的数据，而未选择所有持股数据，这可能导致测算结果存在偏差，进而造成对基金行业整体投资能力的高估或低估。当然，考虑到重仓股和重仓行业占比较高，代表性很强，本书得到的结论在一定程度上仍具有稳健性。

第二，研究区间的局限性。中国特色社会主义市场经济建立的时间并不长，相应地，我国资本市场发展的历程也比较短。相对于国外开放式基金发展的百年历史，国内开放式基金十几年的发展历程越发显得短暂。本书使用 2006～2012 年共 7 年作为研究区间，虽然已竭尽所能将考察期拉长，但与国外同类型研究所使用的样本区间相比，仍然太短。这有可能制约本书结论的代表性。

当然，我国的资本市场是在借鉴先进经验的基础上建立起来的，存在后发优势，因此本书的研究仍有合理之处。另外，随着时间的推移，仍可加入新的数据继续检验，以获得更完整的结论。

第三，研究方法的局限性。对开放式基金投资能力的深入思考建立在市场非完全有效的基础上。对非有效市场的研究，除使用均值—方差均衡分析范式外，还需要引入更多非线性分析方法。本书虽然提供了一个不依赖市场有效性的资产配置分析框架，一定程度上避免了对价格运行和收益率分布的冗繁讨论，但是，如何将更多非线性科学（比如行为金融学和分形理论）的相关成果和研究方法引入投资能力分析中来，仍是有待深化研究的课题。

此外，本书的量化分析和研究结论大多建立在大样本、长周期的数据统计基础上。开放式基金的投资能力还与基金管理人的行为模式及认知有关，因此需要借助心理实验或问卷调查等研究方法，深入剖析行为模式对投资能力的作用路径和影响程度。

尽管有上述不足，笔者仍认为，本书所提供的研究框架有助于为进一步的深入研究提供思路和方法。随着主客观条件逐渐成熟和完备，本书的研究可得到进一步完善。

二　研究展望

开放式基金作为机构投资者的代表和市场参与主体，其主体功能、投资能力和资产配置仍将是各方持续关注的焦点。基于行业发展和资源有效配置的考虑，未来可在以下四个方面进一步深入研究。

第一，本书关于投资能力的定义可进行更深入的挖掘和提炼。

影响开放式基金投资能力的因素很多，资产配置只是最重要的因素之一。本书进一步将资产配置能力分解为个股配置能力、行业配置能力和动态配置能力，并据此给出了提升资产配置能力的路径。但是，本书未对三种配置能力孰轻孰重做进一步区分。如能效仿 BHB（1986）、BSB（1991）等的研究方法，精确测算出三种配置能力对资产配置能力的贡献率，将有助于从更深层次挖掘其影响路径和提升途径。

第二，应用 PCM 方法测算得到的开放式基金投资能力结果可进行更细致的分析。

本书使用开放式基金的重仓数据，初步获得了样本基金的投资能力现状，并对不同投资风格基金的投资能力进行了组间分析，同时对不同市场状况下的投资能力做了大致刻画，获得了一些有益结论。本书主要考察整个行业的投资能力，比较对象主要是其他机构投资者或普通投资者，因此上述实证检验结果基本达到了研究目的。如果需要进一步研究行业内不同基金之间投资能力的差异及原因，可使用更多控制变量，获得更多差异化的结果。比如可控制基金规模、基金经理特征、持股偏好等变量，获得更多有关投资能力的详细信息。

第三，我国开放式基金投资能力的测算结果可应用于更广阔的领域。

传统上，三种形式的有效性市场可通过游程检验、相关分析、事件研究分析等方法直接检验，亦可通过其他指标侧面检验。但是，当市场总是处于同一个有效性层次时，直接检验方法无法测度其变化趋势，进而无法对监管层的市场建设效果做出动态判断。本书对开放式基金投资能力的考察，为此提供了一个视角。标准资产配置能力与基金管理人严格遵循均值—方差准则有关，而动态资产配置能力则与基金管理人采取的投资策略和把握市场异象的能力有关。如果能测算出标准资产配置能力和动态资产配置能力分别对资产配置能力的贡献率，则可通过贡献率的变化间接反映市场的有效性程度。假如标准资产配置贡献率在不断上升，可认为市场的有效性程度在上升，市场建设是有成效的。反之，如果动态资产配置贡献率在不断下降，表明市场的有效性程度可能在降低。

第四，非完全有效和非线性市场中的价格运行和收益率分布可重新认识和刻画。

对价格运行和收益率分布的不同描述是建立在不同金融理论的前提和基础上的。经典金融理论认为价格波动是温和的、连续的，收益率序列服从正态分布。但在现实市场中，价格波动远比传统认识要剧烈，且表现出不连续性，市场风险亦比常规想象大得多。该种现实会对基金管理人执行积极资产配置策略造成障碍，同时亦提供了更多机会。为提升标准资产配置能力，基金管理人需要将资产价格的真实特性纳入资产配置框架中。比如分形市场假说已经揭示出，价格具有长期记忆性；行为金融学则指出，投资行为具有惯性。这都从侧面表明，价格并非随机游走的，过去与现在、过去与未来之间并非完全不相关的。如果能在均值—方差分析框架中纳入资产价格自身、资产价格之间的影响因素，预计会得到更优化的资产配置结果。这不仅有助于提高投资业绩，更重要的是，有助于进行风险管理，而这恰恰也是基金管理人投资能力的重要内涵。

参考文献

Admati A. R. , Ross S. A. , "Measuring Investment Performance with a Rational Expectations Equilibrium Model," *Journal of Business*, 1985, 58 (1).

Alexander G. J. , Baptista A. M. , "Economic Implications of Using a Mean – VaR Model for Portfolio Selection: A Comparison with Mean – variance Analysis," *Journal of Economic Dynamics and Control*, 2002, 26 (7 – 8).

Allaudeen Hameed, Yuanto Kusnadi, "Momentum Strategies, Evidence from Pacific Basin Stock Markets," *Journal of Financial Research*, 2002, 25 (3).

Baks K. P. , Busse J. A. , Green T. C. , Fund Managers Who Take Big Bets: Skilled or Overconfident, AFA 2007 Chicago Meeting Paper, 2007.

Benzécri J. P. L'analyse des données 1', La Taxonomie Dumand, Paris, 1984.

Bernanke B. S. , Kuttner K. N. , "What Explains the Stock Market's Reaction to Federal Reserve Policy?" *Journal of Finance*, 2005, 160 (3).

Bollen N. P. B. , Busse J. A. , "Short-term Persistence in Mutual

Fund Performance," *Review of Financial Studies*, 2004, 18 (2).

Brands S. , Brown S. J. , Gallagher D. R. , " Portfolio Concentration and Investment Manager Performance," *International Review of Finance*, 2005, 5 (3 – 4).

Brennan M. J. , "The Optimal Number of Securities in a Risky Asset Portfolio When There Are Fixed Costs of Transacting: Theory and Some Empirical Results," *Journal of Financial and Quantitative Analysis*, 1975, 10 (3).

Brinson G. P. , Hood L. R, Beebower G. L. , "Determinants of Portfolio Performance," *Financial Analyst Journal*, 1986, 42 (4).

Brinson G. P. , Singer B. D. , Beebower G. L. , "Determinants of Portfolio Performance II: An Update," *Financial Analyst Journal*, 1991, 47 (3).

Brown K. C. , Harlow W. V. Staying the Course: The Impact of Investment Style Consistency on Mutual Fund Performance, University of Texas at Austin, 2002.

Carhart M. M. , "On Persistence in Mutual Fund Performance," *The Journal of Finance*, 1997, 52 (1).

Cavaglia S. , Brightman C. , Aked M. , " The Increasing Importance of Industry Factors," *Financial Analysts Journal*, 2000, 56 (5).

Chan K. C. , Hameed A. , Tong W. , "Profitability of Momentum Strategies in the International Equity Markets," *Journal of Financial and Quantitative Analysis*, 2000, 35 (2).

Chan L. K. C. , Jegadeesh N. , Lakonishok J. , " Momentum Strategies," *Journal of Finance*, 1996, 51 (5).

Chevalier J. , Ellison G. , " Career Concerns of Mutual Fund

Managers," *The Quarterly Journal of Economics*, 1999, 114 (2).

Choi N., Sias R. W., "Institutional Industry Herding," *Journal of Financial Economics*, 2009, 94 (3).

Christopherson J. A., "Equity Style Classification," *Journal of Portfolio Management*, 1995 (21).

Cornell B., "Asymmetric Information and Portfolio Performance Measurement," *Journal of Financial Economics*, 1979, 7 (4).

Dandi Bartolomeo, Witkowski E., "Mutual Fund Misclassification: Evidence Based on Style Analysis," *Financial Analysts Journal*, 1997, 53 (5).

Elton E. J., Gruber M. J., Blake C. R., "Incentive Fees and Mutual Funds," *The Journal of Finance*, 2003, 58 (2).

Engle R F., "Dynamic Conditional Correlation: A Simple Class of Multivariate GARCH Models," *Journal of Business and Economic Statistics*, 2002, 20 (3).

Evans J. L, Archer S. H., "Diversification and the Reduction of Dispersion: An Empirical Analysis," *Journal of Finance*, 1968, 23 (5).

Fama E. F., "Components of Investment Performance," *The Journal of Finance*, 1972, 27 (3).

Fama E. F., "Efficient Capital Market: A Review of Theory and Empirical Work," *The Journal of Finance*, 1970, 25 (2).

Fama E. F., French K. R., "Common Risk Factors in the Returns on Stocks and Bonds," *Journal of Financial Economics*, 1993, 33 (1).

Fama E. F., French K. R., "Multifactor Explanation of Asset Pricing Anomalies," *The Journal of Finance*, 1996, 51 (1).

Fama E. F., French K. R., "Permanent and Temporary Components of Stock Prices," *Journal of Political Economy*, 1988, 96 (2).

Fama E. F. , French K. R. , "The Cross – section of Expected Stock Returns," *The Journal of Finance*, 1992, 47 (2).

Farrell J. L. , "Homogenous Stock Groupings: Implication for Portfolio Management," *Financial Analysts Journal*, 1975, 31 (3).

Fisher L. , Lorie J. H. , "Some Studies of Variability of Returns on Investments in Common Stock," *Journal of Business*, 1970, 43 (2).

French K. R. , Roll R. , "Stock Return Variances: The Arrival of Information and Reaction of Traders," *Journal of Financial Economics*, 1986, 17 (1).

Froot K. , Teo M. , "Style Investing and Institutional Investors," *Journal of Financial and Quantitative Analysis*, 2008, 43 (3).

Goetamann W. N. , J Ingersoll Jr. , Ivkovic Z. , "Monthly Measurement of Daily Timers," *Journal of Financial and Quantitative Analysis*, 2000, 35 (3).

Good W. R. , Hermansen R. W. , Meyer J. R. , *Active Asset Allocation: Gaining Advantage in a Highly Efficient Stock Market* (New York: McGraw – Hill), 1993.

Goodwin T. H. , "The Information Ratio," *Financial Analysis Journal*, 1998, 54 (4).

Gottesman A. A. , Morey M. R. , "Manager Education and Mutual Fund Performance," *Journal of Empirical Finance*, 2006, 13 (2).

Grinblatt M. , Titman S. , "Performance Measurement without Benchmarks: Examination of Mutual Fund Returns," *Journal of Business*, 1993, 66 (1).

Grossman S. J. , Stiglitz J. E. , "On the Impossibility of Information Efficient Markets," *American Economic Review*, 1980, 70 (3).

Grundy B. D. , Martin J. S. , "Understanding the Nature of the

Risks and the Source of the Rewards to Momentum Investing," *Review of Financial Studies*, 2001, 14 (1).

Henriksson R. D., Merton R. C., "On the Market Timing and Investment Performance of Managed Portfolios II – Statistical Procedures for Evaluating Forecasting Skills," *Journal of Business*, 1981, 54 (4).

Ibbotson R. G., Kaplan P. D. Does Asset Allocation Policy Explain 40, 90 or 100 Percent of Performance?, *Financial Analyst Journal*, 2000, 56 (1).

Jegadeesh N. Evidence of Predictable Behavior of Security Returns, *The Journal of Finance*, 1990, 45 (3).

Jegadeesh N., Titman S. Returns to Buying Winners and Selling Losers: Implications for Stock Market Efficiency, *The Journal of Finance*, 1993, 48 (1).

Jegadeesh, N., Titman S. Profitability of Momentum Strategies: An Evaluation of Alternative Explanation, *The Journal of Finance*, 2001, 56 (2).

Jensen M. C. The Performance of Mutual Funds in the Period 1945 – 1964, *The Journal of Finance*, 1968, 23 (2).

Kacperczyk M., Sialm C., Zheng L. On the Industry Concentration of Actively Managed Equity Mutual Funds, *The Journal of Finance*, 2005, 60 (4).

Kaplan R. S., Norton D. P. The Balanced Scorecard – Measures that Drive Performance, *Harvard Business Review*, 1992 (1 – 2).

Khorana A. Performance Changes Following Top Management Turnover: Evidence from Open – End Mutual Funds, *Journal of Financial and Quantitative Analysis*, 2001, 36 (3).

King B. F. Market and Industry Factors in Stock Price Behavior,

Journal of Business, 1966, 39 (1).

Kosowski R., Timmermann A., Wermers R., White H. Can Mutual Fund "Stars" Really Pick Stocks? New Evidence from a Bootstrap Analysis," *The Journal of Finance*, 2006, 61 (6).

Lessard D. R., "World, National, and Industry Factors in Equity Returns," *The Journal of Finance*, 1974, 29 (2).

Lewellen L., "Momentum and Autocorrelation in Stock Returns," *Review of Financial Studies*, 2002, 15 (2).

Li D., Ng W. L., "Optimal Dynamic Portfolio Selection: Multiperiod Mean – variance Formulation," *Mathematical Finance*, 2000, 10 (3).

Lintner J., "The Valuation of Risk Assets and the Selection of Risky Investments in Stock Portfolios," *The Review of Economics and Statistics*, 1965, 47 (1).

Livingston M., "Industry Movement of Common Stocks," *Journal of Finance*, 1977, 32 (3).

Lo A. W., MacKinlay A. C., "Stock Market Prices donot Follow Random Walks: Evidence from a Simple Specification Test," *Review of Financial Studies*, 1988, 1 (1).

Mandelbrot B. B., "Random Walk, Fire Damage Amount, and other Paretian Risk Phenomena," *Operations Research*, 1964, 12 (4).

Mantegna R. N., "Hierarchical Structure in Financial Markets," *Eur. Phys. J. B*, 1999, 11 (1).

Mantegna R. N., Stanley H. E., *An Introduction to Econophysics: Correlations and Complexity in Finance* (Cambridge University Press, Cambridge, 2000).

Markowitz H., "Portfolio Selection," *The Journal of Finance*,

1952, 7 (1).

Mazzucato M. , Semmler W. , "Market Share in Stability and Stock Price Volatility during the US Auto Industry Life Cycle," *Journal of Evolutionary Economics*, 1999, 9 (1).

Merton R. C. , "An Intertemporal Capital Asset Pricing Model," *Econometrica*, 1973, 41 (5).

Modigliani F. , Mordigliani L. , "Risk – adjusted Performance," *Journal of Portfolio Management*, 1997, 23 (2).

Moskowitz T. J. , Grinblatt M. , "Do Industries Explain Momentum?" *The Journal of Finance*, 1999, 54 (4).

Muralidhar A. S. , "Risk – adjusted Performance: The Correlation Correction," *Financial Analysts Journal*, 2000, 56 (5).

Paul Woolley, Dimitri Vayanos. , "Taming the Finance Monster," *Central Banking Journal*, 2012 (12).

Pflug G. C. , *Some Remarks on the Value – at – Risk and the Conditional Value – at – Risk* (Boston: Kluwer Academic Publishers, 2000).

Piotroski J. D. , Roulstone B. T. , "The Influence of Analysts Institutional Investors, and Insiders on the Incorporation of Market, Industry, and Firm – Specific Information into Stock Price," *The Accounting Review*, 2004, 79 (4).

Roll R. , "Industrial Structure and the Comparative Behavior of International Stock Market Indices," *The Journal of Finance*, 1992, 47 (1).

Roll R. , "R^2," *The Journal of Finance*, 1988, 43 (3).

Ross S. , "The Arbitrage Theory of Capital Asset Pricing," *Journal of Economic Theory*, 1976 (13).

Rouwenhorst K. G. , "International Momentum Strategies," *The Journal of finance*, 1998, 53 (1).

Sharpe W. F. , "A Simplified Model for Portfolio Analysis," *Management Science*, 1963, 9 (2).

Sharpe W. F. , "Asset Allocation: Management Style and Performance Evaluation," *Journal of Portfolio Management*, 1992, 18 (2).

Sharpe W. F. , "Capital Asset Price: A Theory of Market Equilibrium under Conditions of Risk," *The Journal of Finance*, 1964, 19 (3).

Sharpe W. F. , "Mutual Fund Performance," *Journal of Business*, 1966, 39 (1).

Sharpe W. F. , Alexander G. J. , Bailey J. V. , *Investments* (Upper Saddle River: Prentice – Hall, 1999).

Shawky H. A. , Smith D. M. , "Optimal Number of Stock Holdings in Mutual Fund Portfolios Based on Market Performance," *Financial Review*, 2005, 10 (40).

Siegel J. , *Stocks for the Long Run* (New York: McGraw – Hill 1998).

Song Guanghui, Liu Guang, EMH and FMH: Origin, Evolution and Tendency. Los Alamitos, California. 2012 Fifth International Workshop on Chaos – fractals Theories and Applications. United: The Printing House, 2012.

Szego G. P. , *Portfolio Theory*, *with Application to Bank Asset Management* (New York: Acad. Press, 1980).

Tobin J. , "Liquidity Preference as Behavior Towards Risk," *Review of Economic Studies*, 1958, 25 (1).

Treynor J. L., Mazuy K. K., "Can Mutual Funds Outguess the Market?" *Harvard Business Review*, 1966 (44).

Wagner W. H., Lau S. C., "The Effect of Diversification on Risk," *Financial Analysts Journal*, 1971, 27 (6).

Wermers R., "Mutual Fund Performance: An Empirical Decomposition into Stock-picking Talent, Style, Transactions Costs, and Expenses," *The Journal of Finance*, 2000, 55 (4).

阿马蒂亚·森:《以自由看待发展》,任赜等译,中国人民大学出版社,2002。

卞曰瑭、何建敏、庄亚明:《股市投资网络模型构建及其稳定性》,《系统工程》2011年第12期。

博迪:《投资学》,朱宝宪等译,机械工业出版社,2003。

蔡庆丰:《从美国基金投资业绩看机构投资者的代理问题及其市场影响》,《国际金融研究》2007年第6期。

蔡晓钰、陈忠、王明好:《新增k种资产与前n种不相关时证券组合前沿的漂移问题》,《系统工程理论方法应用》2003年第4期。

蔡晓钰、陈忠、吴胜佳:《新增证券对证券组合有效前沿影响的动态分析》,《运筹与管理》2004年第2期。

蔡晓钰、张卫国:《存在无风险资产条件的证券组合有效前沿的旋移分析》,《宁夏大学学报》2001年第4期。

蔡晓钰、张卫国:《存在无风险资产条件下证券组合有效边界的旋移研究》,《运筹与管理》2001年第4期。

曹兴、彭耿:《中国基金管理费激励的有效性》,《系统工程》2009年第1期。

常嵘:《我国开放式基金动态资产配置能力研究——基于H-M模型及其扩展的检验》,《兰州商学院学报》2010年第6期。

陈健、胡文伟、李湛:《中国股票市场投资组合规模的非系统风险分散效应》,《软科学》2008 年第 2 期。

陈乔、汪弢:《我国股市的惯性效应:一个基于行业组合的实证研究》,《当代财经》2003 年第 12 期。

陈伟忠:《在证券品种可变情况下 M－V 有效集的漂移分析》,《西安交通大学学报》1997 年第 12 期。

陈小新、陈伟忠、金以萍:《市场与行业因素对国际资产配置绩效的影响分析》,《财贸经济》2007 年第 2 期。

陈雨露、汪昌云:《金融学文献通论——宏观金融卷》,中国人民大学出版社,2006。

陈雨露、汪昌云:《金融学文献通论——原创论文卷》,中国人民大学出版社,2006。

陈占锋:《上海股票市场 A 股泡沫问题:市盈率测量与综合解释》,《世界经济》2002 年第 7 期。

陈志平、林瑞跃:《基于 DEA 模型的基金业绩评估的主要方法》,《系统工程学报》2005 年第 1 期。

陈志武:《金融的逻辑》,国际文化出版公司,2009。

陈治中:《基金裸奔——2008 年一季报揭秘基金败局》,《股市动态分析》2008 年第 17 期。

邓英东、詹棠森、朱功勤:《M－V 证券数变化时有效前沿的研究》,《合肥工业大学学报》2003 年第 3 期。

丁海云、蒋鲁敏:《证券数目变化时 M－V 有效前沿的分析》,《华东师范大学学报》2002 年第 1 期。

范龙振、王海涛:《中国股票市场行业与地区效应分析》,《管理工程学报》2004 年第 1 期。

高金窑、张晓雪:《我国证券投资基金预测能力的决定因素研究》,《证券市场导报》2012 年第 9 期。

高蓉、周爱民、向兵:《股市动态弱式有效性研究——基于滚动广义谱方法》,《投资研究》2012 年第 12 期。

葛勇:《中国证券投资基金资产配置管理研究》,华东师范大学博士学位论文,2010。

耿志民:《中国机构投资者研究》,中国人民大学出版社,2002。

谷耀、陆丽娜:《沪、深、港股市信息溢出效应与动态相关性——基于 DCC - (BV) EGARCH - VAR 的检验》,《数量经济技术经济研究》2006 年第 8 期。

顾海峰、孙赞赞:《融资融券对中国证券市场运行绩效的影响研究——基于沪深股市的经验证据》,《南京审计学院学报》2013 年第 1 期。

顾岚、薛继锐、罗立禹、徐锐:《中国股市的投资组合分析》,《数理统计与管理》2001 年第 5 期。

郭建军:《基金经理预测能力检验》,《中国管理科学》2004 年第 2 期。

郭文伟:《开放式基金投资风格漂移及风格资产轮换策略研究》,华南理工大学博士学位论文,2010。

侯为波、徐成贤:《证券数减少情形下 M - V 证券组合特征灵敏度分析》,《应用数学》1999 年第 3 期。

侯为波、徐成贤:《证券组合 M - V 有效边缘动态分析》,《系统工程学报》2000 年第 1 期。

侯为波、徐成贤:《证券数增加情形下证券组合有效边缘特征灵敏度分析》,《工科数学》2002 年第 3 期。

胡倩:《中国基金持股偏好的实证研究》,《财经问题研究》2005 年第 5 期。

胡文敏、郑寿春:《股票市场小规模投资者投资能力调查报告》,《经济研究导刊》2011 年第 29 期。

华安基金:《2001~2011 开放式基金十年报告》,2011。

黄葶、李林:《机构投资者行为模式及对市场定价效率的影响》,《系统工程》2011 年第 2 期。

黄少安、韦倩:《机构投资者投资基金的"适度组合规模":基于中国数据的实证分析》,《经济研究》2007 年第 12 期。

见静、高岳林:《基于 DCA – PSO 算法的均值 – VaR 投资组合优化》,《计算机工程与应用》2012 年第 27 期。

姜娉婷、刘颖博:《上证指数与基金资产配置相关性实证研究》,《金融经济》2009 年第 14 期。

蒋晓全、丁秀英:《我国证券投资基金资产配置效率研究》,《金融研究》2007 年第 2 期。

解洪涛、周少甫:《股票型基金资产配置集中度与投资绩效研究》,《证券市场导报》2008 年第 5 期。

金昊、吴世农:《牛市和熊市期间我国开放式股票型基金的绩效评价》,《首都经济贸易大学学报》2007 年第 1 期。

鞠英利:《论现代投资组合理论在我国的实际应用》,《现代财经》2007 年第 6 期。

康海荣:《基金:唱响牛市进行曲——证券投资基金05 年年报全景简读》,《股市动态分析》2006 年第 13 期。

孔东民、李捷瑜、邢精平、彭晴:《投资组合的行业集中度与基金业绩研究》,《管理评论》2010 年第 4 期。

劳兰珺、邵玉敏:《中国股票市场行业收益率序列动态聚类分析》,《财经研究》2004 年第 11 期。

李灿:《每股收益指标的局限性分析》,《财会月刊》2008 年第 20 期。

李学峰、郭羽、谢铭:《我国证券投资基金的积极资产组合管理能力研究》,《金融发展研究》2009 年第 7 期。

李学峰、徐华、李荣霞:《基金投资风格一致性及其对基金绩效的影响》,《财贸研究》2010 年第 2 期。

李学锋、茅勇峰:《我国证券投资基金的资产配置能力研究——基于风险与收益相匹配的视角》,《证券市场导报》2007 年第 3 期。

李阳:《证券投资基金学》,上海财经大学出版社,2002。

李志生、刘正捷:《资产收益的短记忆性与长记忆性:我国股票市场效率的动态分析》,《江西财经大学学报》2011 年第 1 期。

厉以宁、曹凤岐:《跨世纪的中国投资基金业》,经济科学出版社,2000。

梁斌、陈敏、缪柏其:《我国封闭式基金的持股集中度与业绩的关系研究》,《中国管理科学》2007 年第 6 期。

林树、李翔、陈浩、杨雄胜:《开放式基金与封闭式基金投资能力的对比研究》,《南京社会科学》2009 年第 7 期。

刘芳、唐小我、马永开:《对我国投资基金业绩进行评价的实证研究》,《运筹与管理》2003 年第 1 期。

刘广:《IPO 抑价理论演化与文献综述》,《技术经济与管理研究》2013 年第 3 期。

刘小军、高俊山:《企业成长性与股票收益率关系的面板数据分析》,《财会通讯》2011 年第 27 期。

刘小茂、李楚霖、王建华:《风险资产组合的均值 – CVaR 有效前沿（Ⅱ）》,《管理工程学报》2005 年第 1 期。

柳冬、王雯珺、李自然、汪寿阳:《基于 Kalman 滤波算法的基金动态资产配置能力评价方法》,《系统工程理论与实践》2012 年第 4 期。

马慧敏:《沪市 A 股弱式有效性实证研究——基于行业角度的检验》,《求索》2011 年第 8 期。

马慧敏、刘传哲:《沪市 A 股各上市公司分行业的成长性、盈利性实证研究》,《经济管理》2009 年第 9 期。

曼德尔布罗特、赫德森：《市场的（错误）行为》，张新、张增伟译，中国人民大学出版社，2009。

彭振中、谭小芬、严立业：《基金费率结构与基金业绩——理论模型及基于中国的实证研究》，《山西财经大学学报》2010年第1期。

秦金亮：《国外社会科学两种研究范式的对峙与融合》，《山西师大学报（社会科学版）》2002年第2期。

饶育蕾、王盛、张轮：《基于行业投资组合的投资基金羊群行为模型与实证》，《管理评论》2004年第12期。

申宇、吴玮：《明星基金溢价效应："高技术"还是"好运气"?》，《投资研究》2011年第9期。

沈爱华：《基金业赢利十年一场空》，《商务周刊》2009年第9期。

沈维涛、黄兴李：《我国证券投资基金业绩的实证研究与评价》，《经济研究》2001年第9期。

施东晖：《上海股票市场风险性实证研究》，《经济研究》1996年第10期。

史敏、汪寿阳、徐山鹰：《修正的Sharpe指数及其在基金业绩评价中的应用》，《系统工程理论与实践》2006年第7期。

史宇峰、张世英：《基于时变相关系数的动态投资组合策略》，《管理科学》2008年第5期。

宋光辉：《管理统计学》第二版，华南理工大学出版社，2008。

宋光辉、刘广：《价格波动、市场效率与分形理论——对于股市"免费午餐"的讨论》，《财会月刊》2013年第10期。

孙海波、宋曦：《货币周期指导下的行业投资组合构建》，《中央财经大学学报》2009年第11期。

唐松莲、许友传：《基于动态面板回归的基金业绩决定因素》，《系统管理学报》2010年第1期。

天相投资顾问有限公司金融创新部：《QDII 基金投资管理能力的客观评价》，《资本市场》2008 年第 7 期。

王东清、罗新星：《基于企业能力理论的 IT 投资绩效贡献研究》，《科研管理》2010 年第 2 期。

王礼生、王晓国：《基准组合偏差导致基金业绩误差的实证研究》，《系统工程》2003 年第 6 期。

王立新：《投资基金制度研究》，中国社会科学院博士学位论文，2000。

王亮：《5000 亿巨亏后还敢买基金吗?》，《英才》2012 年第 5 期。

王年华：《跑赢指数亏了钱——2004 年基金年报透视》，《证券导刊》2005 年第 12 期。

王平：《诚信危机与制度缺陷——中国基金业发展的反思》，《投资研究》2010 年第 11 期。

王伟峰、张功铭：《开放式基金的波动性特征分析——基于 GARCH 模型》，《中国物价》2008 年第 1 期。

王晓辉：《基于基金治理视角的基金家族造星策略研究》，华南理工大学博士学位论文，2012。

王智波：《1970 年以后的有效市场假说》，《世界经济》2004 年第 8 期。

吴立广：《国际分散化证券投资的潜在利益及对 QDII 投资的启示——基于 1994～2008 年世界主要股市历史数据的实证研究》，《国际金融研究》2010 年第 5 期。

吴世农：《我国证券市场效率的分析》，《经济研究》1996 年第 4 期。

吴世农、韦绍永：《上海股市投资组合规模和风险关系的实证研究》，《经济研究》1998 年第 4 期。

吴学安：《基金投资，无限风光在险峰》，《科技智囊》2007 年第 6 期。

吴祝武、朱开永：《证券组合 M－V 有效前沿旋移分析的进一步研究》，《大学数学》2009 年第 2 期。

吴祝武、朱开永、胡建华、许盈盈：《证券数减少情形下 M－V 证券组合特征灵敏度研究》，《中国矿业大学学报》2006 年第 3 期。

吴祝武、朱开永、许盈盈：《证券数目变化时受到扰动的 M－V 有效前沿分析》，《运筹学学报》2007 年第 2 期。

肖继辉：《基金治理与基金经理锦标赛激励效应研究》，科学出版社，2012。

肖继辉、彭文平：《基金经理特征与投资能力、投资风格的关系》，《管理评论》2012 年第 7 期。

邢天才：《下偏风险框架下动态资产配置策略的绩效分析：来自中国基金的证据》，《东北财经大学学报》2008 年第 6 期。

熊胜君、杨朝军：《沪深股票市场行业效应与投资风格效应的实证研究》，《系统工程理论与实践》2006 年第 4 期。

徐潮进：《我国资本市场效率的再检验》，《经济问题》2012 年第 3 期。

徐涵江：《证券投资基金经营业绩评价研究及其实证分析》，《统计研究》2000 年第 4 期。

徐信忠、张璐、张峥：《行业配置的羊群现象——中国开放式基金的实证研究》，《金融研究》2011 年第 4 期。

许林：《基于分形市场理论的基金投资风格漂移及其风险测度研究》，华南理工大学博士学位论文，2011。

许林、宋光辉、郭文伟：《基金投资风格理论演进透视及引入分形理论的研究探索》，《金融理论与实践》2010 年第 12 期。

许云辉、李仲飞：《基于收益序列相关的动态投资组合选择——动态均值—方差模型》，《系统工程理论与实践》2008 年第

8 期。

薛宏刚、徐成贤、李三平、胡春萍：《基于主成分分析的投资组合 VaR 计算的扰动分析》，《工程数学学报》2005 年第 5 期。

杨朝军、蔡明超、杨一文：《现代证券金融：理论前沿与中国实证》，上海交通大学出版社，2004。

杨朝军、郭鹏飞、焦涛：《中国上市公司行业分类标准的理论与实证研究》，《科学学与科学技术管理》2004 年第 1 期。

杨大泉：《关注基金年报五个之最》，《时代金融》2004 年第 5 期。

杨继平、张力健：《沪市股票投资组合规模与风险分散化关系的进一步研究》，《系统工程理论与实践》2005 年第 10 期。

杨杰、史树中：《证券集的组合前沿分类与有效子集》，《经济数学》2001 年第 1 期。

姚京、袁子甲、李仲风：《基于相对 VaR 的资产配置和资本资产定价模型》，《数量经济技术经济研究》2005 年第 12 期。

叶波：《集中持股与分散投资，谁能笑到最后?》，《大众理财顾问》2007 年第 3 期。

印浩、胡芝凤：《上市公司行业市盈率及其影响因素分析》，《现代经济》2008 年第 5 期。

余乐安、汪寿阳：《基于核主元聚类的股票分类》，《系统工程理论与实践》2009 年第 12 期。

俞乔：《市场有效、周期异常与股价波动——对上海、深圳股票市场的实证分析》，《经济研究》1994 年第 9 期。

约翰·Y. 坎贝尔、安德鲁·W. 罗、艾·克雷格·麦金雷：《金融市场计量经济学》，朱平芳、刘弘等译，上海财经大学出版社，2003。

曾令波：《我国共同基金对动态资产配置决策的应用初探》，《当代财经》2003 年第 6 期。

曾晓洁、黄嵩、储国强：《基金投资风格与基金分类的实证研究》，《金融研究》2004 年第 3 期。

张圣贤：《积极调仓兑现收益，股市助推行业回暖——2009 年基金年报分析》，《股市动态分析》2010 年第 15 期。

张卫国、聂赞坎：《投资比例非负约束的风险证券组合有效集及动态分析》，《数学的实践与认识》2003 年第 4 期。

张卫国、谢建勇、聂赞坎：《不相关证券组合有效集的解析表示及动态分析》，《系统工程》2002 年第 1 期。

张文博、赖泉勇、杨运泽：《我国开放式基金动态资产配置能力研究——基于 H－M－FF3 模型的检验》，《时代金融》2011 年第 14 期。

张文璋、陈向民：《方法决定结果吗——基金业绩评价的实证起点》，《金融研究》2002 年第 12 期。

张雪莹：《资产配置对基金收益影响程度的定量分析》，《证券市场导报》2005 年第 10 期。

张延良、刘桂英、胡超：《金砖国家股票市场有效性比较研究》，《经济论坛》2013 年第 1 期。

赵坚毅、于泽、李颖俊：《投资者参与和证券投资基金风格业绩的评估》，《经济研究》2005 年第 7 期。

赵磊、陈果：《我国股票市场的有效性分析》，《山西财经大学学报》2012 年第 S4 期。

赵秀娟、汪寿阳：《中国证券投资基金运行效率的一个实证分析》，《系统工程理论与实践》2007 年第 3 期。

赵秀娟、张洪水：《基于特征的 PCPC 基金评价模型及其实证分析》，《系统工程理论与实践》2009 年第 1 期。

郑焰、周宏：《1.17 万亿！基金去年收入创历史新高》，《上海证券报》2008 年 3 月 31 日。

周新辉、李明亮：《中国证券投资基金资产配置效率实证研究》，《财经研究》2007 年第 3 期。

朱宏泉、李亚静：《不依赖市场基准指数的基金投资能力分析》，《系统工程》2005 年第 11 期。

朱赟：《结构性行情助力基金扭亏为盈——2010 年基金年报分析》，《证券导刊》2011 年第 13 期。

附　录

附录1　样本基金资料汇总

代码	基金名称	基金管理公司	成立日	基金类型
040001	华安创新混合	华安基金管理有限公司	2001－09－21	标准混合型
202001	南方稳健成长混合	南方基金管理有限公司	2001－09－28	激进配置型
000001	华夏成长混合	华夏基金管理有限公司	2001－12－18	激进配置型
020001	国泰金鹰增长股票	国泰基金管理有限公司	2002－05－08	股票型
206001	鹏华行业成长混合	鹏华基金管理有限公司	2002－05－24	标准混合型
100016	富国天源平衡混合	富国基金管理有限公司	2002－08－16	标准混合型
110001	易方达平稳增长混合	易方达基金管理有限公司	2002－08－23	标准混合型
161601	融通新蓝筹混合	融通基金管理有限公司	2002－09－13	标准混合型
080001	长盛成长价值混合	长盛基金管理有限公司	2002－09－18	标准混合型
213001	宝盈鸿利收益混合	宝盈基金管理有限公司	2002－10－08	标准混合型
050001	博时价值增长混合	博时基金管理有限公司	2002－10－09	标准混合型
070001	嘉实成长收益混合	嘉实基金管理有限公司	2002－11－05	标准混合型
090001	大成价值增长混合	大成基金管理有限公司	2002－11－11	激进配置型
180001	银华优势企业混合	银华基金管理有限公司	2002－11－13	标准混合型
162201	泰达宏利成长股票	泰达宏利基金管理有限公司	2003－04－25	激进配置型
162203	泰达宏利稳定股票	泰达宏利基金管理有限公司	2003－04－25	激进配置型
162202	泰达宏利周期股票	泰达宏利基金管理有限公司	2003－04－25	激进配置型
217001	招商安泰股票	招商基金管理有限公司	2003－04－28	激进配置型
210001	金鹰成份优选混合	金鹰基金管理有限公司	2003－06－16	激进配置型
070003	嘉实稳健混合	嘉实基金管理有限公司	2003－07－09	标准混合型

代码	基金名称	基金管理公司	成立日	基金类型
070002	嘉实增长混合	嘉实基金管理有限公司	2003 – 07 – 09	标准混合型
160603	鹏华普天收益混合	鹏华基金管理有限公司	2003 – 07 – 12	激进配置型
240002	华宝兴业宝康配置混合	华宝兴业基金管理有限公司	2003 – 07 – 15	标准混合型
240001	华宝兴业宝康消费品混合	华宝兴业基金管理有限公司	2003 – 07 – 15	标准混合型
151001	银河稳健混合	银河基金管理有限公司	2003 – 08 – 04	标准混合型
255010	国联安稳健混合	国联安基金管理有限公司	2003 – 08 – 08	标准混合型
519011	海富通精选混合	海富通基金管理有限公司	2003 – 08 – 22	标准混合型
002001	华夏回报混合	华夏基金管理有限公司	2003 – 09 – 05	标准混合型
161605	融通蓝筹成长混合	融通基金管理有限公司	2003 – 09 – 30	标准混合型
260103	景顺长城动力平衡混合	景顺长城基金管理有限公司	2003 – 10 – 24	标准混合型
260101	景顺长城优选股票	景顺长城基金管理有限公司	2003 – 10 – 24	股票型
200001	长城久恒平衡混合	长城基金管理有限公司	2003 – 10 – 31	标准混合型
270001	广发聚富	广发基金管理有限公司	2003 – 12 – 03	标准混合型
020003	国泰金龙行业混合	国泰基金管理有限公司	2003 – 12 – 05	激进配置型
110002	易方达策略成长混合	易方达基金管理有限公司	2003 – 12 – 09	激进配置型
519003	海富通收益增长混合	海富通基金管理有限公司	2004 – 03 – 12	标准混合型
288001	华夏经典混合	华夏基金管理有限公司	2004 – 03 – 15	标准混合型
233001	大摩基础行业混合	摩根士丹利华鑫基金管理有限公司	2004 – 03 – 26	标准混合型
150103	银河银泰混合	银河基金管理有限公司	2004 – 03 – 30	标准混合型
070006	嘉实服务增值行业混合	嘉实基金管理有限公司	2004 – 04 – 01	激进配置型
310308	申万菱信盛利精选混合	申万菱信基金管理有限公司	2004 – 04 – 09	标准混合型
257010	国联安小盘精选混合	国联安基金管理有限公司	2004 – 04 – 12	标准混合型
121002	国投瑞银景气行业混合	国投瑞银基金管理有限公司	2004 – 04 – 29	标准混合型
161606	融通行业景气混合	融通基金管理有限公司	2004 – 04 – 29	激进配置型
240005	华宝兴业多策略股票	华宝兴业基金管理有限公司	2004 – 05 – 11	激进配置型
160605	鹏华中国 50 混合	鹏华基金管理有限公司	2004 – 05 – 12	激进配置型
320001	诺安平衡混合	诺安基金管理有限公司	2004 – 05 – 21	标准混合型
510081	长盛动态精选混合	长盛基金管理有限公司	2004 – 05 – 21	激进配置型

代码	基金名称	基金管理公司	成立日	基金类型
162102	金鹰中小盘精选混合	金鹰基金管理有限公司	2004－05－27	标准混合型
217005	招商先锋混合	招商基金管理有限公司	2004－06－01	标准混合型
090003	大成蓝筹稳健混合	大成基金管理有限公司	2004－06－03	激进配置型
100020	富国天益价值股票	富国基金管理有限公司	2004－06－15	激进配置型
020005	国泰金马稳健混合	国泰基金管理有限公司	2004－06－18	激进配置型
050004	博时精选股票	博时基金管理有限公司	2004－06－22	激进配置型
260104	景顺长城内需增长股票	景顺长城基金管理有限公司	2004－06－25	股票型
290002	泰信先行策略混合	泰信基金管理有限公司	2004－06－28	激进配置型
350001	天治财富增长混合	天治基金管理有限公司	2004－06－29	标准混合型
162204	泰达宏利精选股票	泰达宏利基金管理有限公司	2004－07－09	股票型
270002	广发稳健增长混合	广发基金管理有限公司	2004－07－26	标准混合型
000011	华夏大盘精选混合	华夏基金管理有限公司	2004－08－11	激进配置型
040004	华安宝利配置混合	华安基金管理有限公司	2004－08－24	标准混合型
360001	光大保德信量化股票	光大保德信基金管理有限公司	2004－08－27	股票型
110005	易方达积极成长混合	易方达基金管理有限公司	2004－09－09	激进配置型
375010	上投摩根中国优势混合	上投摩根基金管理有限公司	2004－09－15	激进配置型
398001	中海优质成长混合	中海基金管理有限公司	2004－09－28	激进配置型
400001	东方龙混合	东方基金管理有限责任公司	2004－11－25	标准混合型
090004	大成精选增值混合	大成基金管理有限公司	2004－12－15	激进配置型
350002	天治品质优选混合	天治基金管理有限公司	2005－01－12	激进配置型
519997	长信银利精选股票	长信基金管理有限责任公司	2005－01－17	股票型
580001	东吴嘉禾优势精选混合	东吴基金管理有限公司	2005－02－01	激进配置型
410001	华富竞争力优选混合	华富基金管理有限公司	2005－03－02	激进配置型
213002	宝盈泛沿海增长股票	宝盈基金管理有限公司	2005－03－08	股票型
100022	富国天瑞强势混合	富国基金管理有限公司	2005－04－05	激进配置型
460001	华泰柏瑞盛世中国股票	华泰柏瑞基金管理有限公司	2005－04－27	股票型
450001	国富中国收益混合	国海富兰克林基金管理有限公司	2005－06－01	标准混合型
398011	中海分红增利混合	中海基金管理有限公司	2005－06－16	激进配置型
002011	华夏红利混合	华夏基金管理有限公司	2005－06－30	激进配置型

数据来源：聚源数据库。

附录 2 样本基金资产配置

单位：亿元

基金代码	基金名称	2006Q4 资产净值	2006Q4 股票市值	2007Q4 资产净值	2007Q4 股票市值	2008Q4 资产净值	2008Q4 股票市值	2009Q4 资产净值	2009Q4 股票市值	2010Q4 资产净值	2010Q4 股票市值	2011Q4 资产净值	2011Q4 股票市值	2012Q4 资产净值	2012Q4 股票市值
000001	华夏成长混合	23.16	18.08	127.69	98.18	69.22	47.20	117.63	88.80	106.10	74.15	86.80	63.68	90.06	60.83
000011	华夏大盘精选混合	19.80	18.50	56.31	45.25	30.38	18.85	63.10	59.76	76.96	70.83	62.89	54.42	24.87	22.38
002001	华夏回报混合	29.63	23.25	204.40	119.58	139.92	40.68	143.53	108.47	117.03	79.45	98.73	57.66	101.39	55.31
002011	华夏红利混合	48.55	39.77	264.64	199.31	195.69	118.69	270.05	247.03	215.33	184.97	169.86	137.65	176.64	137.93
020001	国泰金鹰增长股票	8.45	7.91	11.52	8.64	4.58	3.01	11.21	9.96	28.84	25.58	31.26	26.84	19.59	16.06
020003	国泰金龙行业混合	1.85	1.46	7.83	5.50	3.03	2.18	4.89	3.64	6.39	4.76	4.45	3.33	3.86	2.64
020005	国泰金马稳健混合	5.42	4.77	100.75	66.92	44.49	36.82	89.11	81.07	68.46	59.22	53.58	44.65	44.74	28.74
040001	华安创新混合	22.28	14.10	144.15	85.17	71.49	34.61	84.64	63.04	80.77	58.86	56.42	37.64	52.45	32.48
040004	华安宝利配置混合	16.99	11.40	32.35	20.20	28.95	14.59	47.72	36.76	33.96	24.55	43.81	31.62	44.71	28.04
050001	博时价值增长混合	19.46	15.08	360.88	253.13	157.13	89.53	218.22	165.01	185.02	129.02	154.67	61.81	148.45	112.22
050004	博时精选股票混合	32.53	29.64	294.82	226.47	114.36	74.20	143.31	128.58	111.56	95.33	80.05	72.05	82.24	75.28
070001	嘉实成长收益混合	14.52	8.68	57.63	39.80	29.45	14.68	33.11	22.11	34.35	25.58	45.81	28.10	50.56	36.49
070002	嘉实增长混合	24.35	16.22	28.80	18.45	20.93	14.51	18.44	12.40	56.06	38.99	40.24	27.16	41.35	28.53
070003	嘉实稳健混合	60.57	41.80	381.05	272.29	143.16	95.58	161.02	117.64	134.20	90.36	100.54	66.59	94.59	65.52
070006	嘉实服务增值行业混合	41.17	37.94	101.22	79.16	36.49	27.50	59.22	50.24	98.45	88.83	61.29	52.66	65.19	55.59
080001	长盛成长价值混合	4.56	3.40	19.24	14.27	9.07	5.49	12.47	8.73	11.93	7.94	8.12	5.04	7.50	5.34

续表

基金代码	基金名称	2006Q4 资产净值	2006Q4 股票市值	2007Q4 资产净值	2007Q4 股票市值	2008Q4 资产净值	2008Q4 股票市值	2009Q4 资产净值	2009Q4 股票市值	2010Q4 资产净值	2010Q4 股票市值	2011Q4 资产净值	2011Q4 股票市值	2012Q4 资产净值	2012Q4 股票市值
090001	大成价值增长混合	5.47	4.22	163.48	115.42	86.64	57.67	131.76	103.11	122.76	96.19	80.49	61.60	77.69	59.18
090003	大成蓝筹稳健混合	5.30	4.91	273.87	237.76	98.69	70.21	158.02	148.92	151.92	142.76	99.88	88.51	101.62	92.59
090004	大成精选增值混合	94.42	54.94	69.46	62.46	22.49	13.48	39.22	36.80	30.14	27.02	19.32	17.24	19.68	16.78
100016	富国天源平衡混合	4.86	3.23	14.78	9.63	6.53	4.01	7.62	5.13	7.90	5.10	8.73	5.56	8.29	5.57
100020	富国天益价值股票	59.84	55.57	133.85	103.18	108.40	69.26	124.55	113.73	106.61	97.56	81.36	68.07	85.10	72.45
100022	富国天瑞强势混合	15.35	10.60	15.50	13.89	37.50	31.45	112.01	101.91	59.34	54.23	49.37	46.10	57.50	49.19
110001	易方达平稳增长混合	149.42	70.51	80.14	51.23	40.98	22.29	37.85	24.48	29.86	19.13	21.62	11.23	19.97	12.06
110002	易方达策略成长混合	38.69	35.37	152.63	131.62	52.23	36.46	64.32	56.74	51.56	47.08	40.00	25.91	42.14	33.86
110005	易方达积极成长成长混合	23.61	22.23	180.16	151.26	71.35	46.74	83.16	74.10	82.41	74.95	58.98	49.44	51.45	46.85
121002	国投瑞银景气行业混合	6.49	4.82	53.27	34.86	27.54	11.71	36.97	21.72	34.26	21.32	33.24	23.76	33.27	21.89
150103	银河银泰混合	10.62	7.15	53.64	36.46	25.58	12.75	34.60	27.26	34.78	27.15	26.85	17.31	25.91	20.05
151001	银河稳健混合	1.27	0.84	21.23	14.62	11.21	5.72	14.35	10.18	18.22	12.57	13.19	7.19	14.32	9.61
160603	鹏华普天收益混合	1.96	1.49	37.48	28.09	15.69	10.67	22.90	17.67	27.87	20.05	24.98	16.48	22.80	17.04
160605	鹏华中国50混合	6.75	5.90	80.18	64.36	32.00	18.70	53.74	45.89	47.48	39.15	39.72	31.35	43.49	37.37
161601	融通新蓝筹混合	9.02	6.23	263.24	197.01	127.03	45.99	167.62	113.51	147.11	103.51	103.92	70.88	102.70	75.07
161605	融通蓝筹成长混合	4.74	3.21	75.98	60.90	28.21	14.50	30.30	22.62	24.00	14.94	17.44	11.89	16.87	12.37

续表

基金代码	基金名称	2006Q4 资产净值	2006Q4 股票市值	2007Q4 资产净值	2007Q4 股票市值	2008Q4 资产净值	2008Q4 股票市值	2009Q4 资产净值	2009Q4 股票市值	2010Q4 资产净值	2010Q4 股票市值	2011Q4 资产净值	2011Q4 股票市值	2012Q4 资产净值	2012Q4 股票市值
161606	融通行业景气混合	5.85	5.08	80.12	73.95	26.86	21.69	45.10	42.38	36.41	33.04	25.13	23.17	29.48	26.38
162102	金鹰中小盘精选混合	1.10	0.67	0.77	0.53	1.73	1.05	11.02	8.40	14.81	11.33	15.63	9.97	14.93	10.66
162201	泰达宏利成长股票	6.32	4.79	11.82	7.98	10.84	6.55	9.87	7.51	23.18	16.50	16.70	10.68	14.85	11.15
162202	泰达宏利周期股票	2.53	1.99	12.75	8.51	4.46	2.84	7.91	6.16	8.46	6.34	6.84	4.60	6.12	4.60
162203	泰达宏利稳定股票	3.24	2.56	7.28	5.01	3.28	2.03	2.52	1.75	2.24	1.66	1.75	1.13	1.81	1.33
162204	泰达宏利精选股票	28.12	26.29	69.49	62.48	30.08	21.52	72.19	62.69	59.76	53.61	37.61	29.12	37.69	34.04
180001	银华优势企业混合	44.85	30.47	97.26	65.64	37.45	18.89	43.10	29.32	36.44	24.72	27.65	17.52	27.74	19.35
200001	长城久恒平衡混合	4.47	3.09	7.46	4.53	3.31	1.56	2.84	1.84	2.29	1.47	1.88	1.02	1.79	1.17
202001	南方稳健成长混合	26.78	21.24	180.86	125.18	65.55	41.03	72.57	52.03	57.43	43.91	41.24	29.63	39.00	29.12
206001	鹏华行业成长混合	7.37	5.54	7.72	5.92	5.58	2.44	4.67	3.51	5.52	3.93	8.42	5.75	7.10	5.36
210001	金鹰成份优选混合	0.65	0.42	22.03	15.35	13.47	8.75	18.24	13.97	15.99	12.20	10.52	7.21	10.35	7.13
213001	宝盈鸿利收益混合	2.34	1.41	16.17	10.75	7.10	0.18	6.03	4.26	5.48	4.11	4.00	2.99	4.06	2.72
213002	宝盈泛沿海增长股票	3.92	2.65	45.27	37.75	27.16	16.60	30.80	29.24	21.19	19.48	20.94	19.81	22.04	16.94
217001	招商安泰股票	13.82	10.13	20.28	13.24	10.54	7.01	10.48	8.15	8.74	6.84	4.52	3.31	4.53	2.98
217005	招商先锋混合	13.03	8.98	134.45	93.56	66.18	30.56	78.98	54.07	73.32	53.46	46.91	34.71	47.02	32.38
233001	大摩基础行业混合	1.62	1.20	2.37	1.55	0.86	0.46	0.91	0.66	1.02	0.69	0.68	0.36	0.64	0.44

续表

基金代码	基金名称	2006Q4		2007Q4		2008Q4		2009Q4		2010Q4		2011Q4		2012Q4	
		资产净值	股票市值	资产净值	股票市值	资产净值	股票市值	资产净值	股票市值	资产净值	股票市值	资产净值	股票市值	资产净值	股票市值
240001	华宝兴业宝康消费品混合	20.36	15.16	39.10	28.54	21.08	14.79	37.97	25.12	35.32	24.62	25.26	18.59	21.08	14.67
240002	华宝兴业宝康配置混合	21.59	15.69	38.88	23.83	16.60	10.42	18.27	12.77	11.76	8.32	8.50	6.30	7.96	5.86
240005	华宝兴业多策略股票	14.16	12.42	31.98	24.87	64.70	35.41	88.86	73.75	67.32	61.71	44.75	37.54	40.29	29.93
255010	国联安稳健混合	3.93	2.64	4.16	2.84	1.94	0.85	3.28	2.24	7.68	5.30	1.93	1.29	1.38	0.96
257010	国联安小盘精选混合	12.99	9.18	44.47	32.02	19.23	12.26	24.49	16.94	22.78	16.79	16.38	12.22	16.80	12.54
260101	景顺长城优选股票	13.55	10.63	62.65	45.79	23.81	17.59	23.00	17.77	18.39	14.02	12.94	9.61	15.50	12.00
260103	景顺长城动力平衡混合	19.13	15.12	114.39	79.09	57.08	31.56	68.43	47.39	56.75	39.93	41.46	25.58	39.74	29.85
260104	景顺长城内需增长股票	39.98	34.44	86.23	69.47	13.86	11.36	18.62	14.88	24.58	20.41	26.13	20.18	27.56	25.71
270001	广发聚富	30.29	21.06	106.66	79.54	54.94	32.24	77.87	56.13	66.65	49.57	49.52	35.92	51.73	37.12
270002	广发稳健增长混合	65.53	38.87	147.30	102.57	61.15	39.42	97.17	62.96	88.11	54.67	65.94	33.04	65.52	42.42
288001	华夏经典混合	29.02	21.01	29.34	20.37	14.43	8.12	17.49	13.05	16.71	11.52	12.99	9.48	12.73	9.49
290002	泰信先行策略混合	2.64	2.48	109.97	88.94	57.46	32.58	67.77	63.16	56.99	53.79	36.12	31.61	33.95	25.38
310308	申万菱信盛利精选混合	19.03	14.26	28.71	20.16	11.75	7.16	18.20	13.59	17.12	11.58	13.78	10.12	13.64	10.12
320001	诺安平衡混合	19.95	14.48	131.30	91.09	66.98	30.67	93.16	69.12	76.43	55.50	58.50	41.39	53.46	39.03
350001	天治财富增长混合	0.63	0.41	5.00	2.23	2.89	0.30	2.98	2.06	2.78	1.60	1.97	1.29	1.92	1.32
350002	天治品质优选混合	0.64	0.47	1.07	0.93	1.22	0.62	1.52	1.41	1.47	1.33	1.00	0.77	0.96	0.80

续表

基金代码	基金名称	2006Q4 资产净值	2006Q4 股票市值	2007Q4 资产净值	2007Q4 股票市值	2008Q4 资产净值	2008Q4 股票市值	2009Q4 资产净值	2009Q4 股票市值	2010Q4 资产净值	2010Q4 股票市值	2011Q4 资产净值	2011Q4 股票市值	2012Q4 资产净值	2012Q4 股票市值
360001	光大保德信量化股票	5.17	4.81	284.79	263.82	83.36	74.84	153.57	141.95	117.22	108.94	85.08	80.51	87.81	79.16
375010	上投摩根中国优势混合	48.78	42.25	123.15	101.75	54.15	48.85	63.63	53.61	63.79	59.63	48.45	45.40	47.28	44.56
398001	中海优质成长混合	1.77	1.57	77.29	62.92	40.51	18.82	55.12	46.17	59.64	53.43	33.93	24.31	30.93	19.84
398011	中海分红增利混合	12.22	8.64	45.67	37.58	19.10	10.52	35.49	31.93	32.01	28.29	20.34	16.56	18.85	14.71
400001	东方龙混合	2.78	2.54	16.68	14.80	8.77	5.46	8.98	4.43	8.89	7.25	8.79	6.43	13.21	9.66
410001	华富竞争力优选混合	5.18	4.39	30.10	23.57	15.00	11.36	17.80	15.24	14.71	11.09	8.75	6.92	7.77	6.68
450001	国富中国收益混合	3.89	2.48	23.01	14.33	10.83	5.28	14.77	9.59	13.76	8.87	8.62	5.40	6.92	4.28
460001	华泰柏瑞盛世中国股票	6.90	5.94	134.03	111.62	54.99	34.13	92.66	79.63	91.33	82.14	64.58	54.75	55.13	49.28
510081	长盛动态精选混合	8.47	7.45	29.48	27.62	11.18	7.94	21.08	19.49	14.27	12.41	11.82	9.81	10.94	9.26
519003	海富通收益增长混合	29.57	17.03	82.47	57.09	33.19	21.53	42.58	29.63	40.58	31.14	31.13	17.55	27.00	20.43
519011	海富通精选混合	23.77	16.04	143.52	98.34	64.03	43.07	86.26	59.94	90.61	71.16	88.98	59.18	75.66	49.19
519997	长信利鹏精选股票	0.87	0.65	52.37	40.87	21.16	14.50	32.57	25.80	29.17	22.72	18.92	14.64	17.83	13.98
580001	东吴嘉禾优势精选混合	1.36	1.14	51.76	41.12	23.75	10.21	28.06	23.48	30.99	26.76	23.43	17.88	20.11	16.35

数据来源：聚源数据库。

附录3　样本基金十大重仓股占比情况

单位：%

序号	代码	简称	占基金净值比			占股票市值比		
			最大值	最小值	均值	最大值	最小值	均值
1	040001	华安创新混合	52.16	20.45	31.71	75.24	29.21	48.31
2	206001	鹏华行业成长混合	45.12	18.34	32.43	58.81	33.57	46.57
3	100016	富国天源平衡混合	44.68	19.04	31.24	67.33	36.8	49.00
4	110001	易方达平稳增长混合	47.98	23.34	32.67	77.79	37.36	57.23
5	161601	融通新蓝筹混合	65.36	22.49	39.71	87.43	39.67	61.09
6	080001	长盛成长价值混合	46.07	10.04	28.68	61.92	15.02	42.96
7	213001	宝盈鸿利收益混合	46.95	2.51	35.98	100.00	39.63	60.51
8	050001	博时价值增长混合	55.02	19.64	34.91	76.71	33.05	54.10
9	070001	嘉实成长收益混合	65.36	28.42	41.33	87.46	38.49	62.25
10	180001	银华优势企业混合	48.25	22.53	35.74	75.27	32.72	55.29
11	070003	嘉实稳健混合	57.10	18.32	33.01	82.75	27.49	49.82
12	070002	嘉实增长混合	49.05	22.65	35.33	66.40	32.50	51.18
13	240002	华宝兴业宝康配置混合	40.17	12.30	25.04	61.73	20.77	38.34
14	240001	华宝兴业宝康消费品混合	49.59	21.06	32.04	69.55	31.46	46.28
15	151001	银河稳健混合	43.95	19.92	30.28	69.52	35.90	47.63
16	255010	国联安稳健混合	45.92	22.37	33.59	66.25	37.20	53.18
17	519011	海富通精选混合	42.05	20.71	32.94	60.64	30.76	47.23
18	002001	华夏回报混合	49.53	13.32	30.62	64.89	41.83	51.35
19	161605	融通蓝筹成长混合	68.17	26.71	37.62	99.99	41.60	58.15
20	260103	景顺长城动力平衡混合	49.88	22.49	31.81	63.86	33.38	46.54
21	200001	长城久恒平衡混合	66.32	34.07	44.25	100.00	51.70	73.08
22	270001	广发聚富	47.40	29.31	36.91	72.06	43.63	53.92
23	519003	海富通收益增长混合	40.03	18.85	30.23	59.43	28.02	45.18
24	288001	华夏经典混合	38.56	26.52	31.10	57.93	37.78	46.17
25	233001	大摩基础行业混合	68.58	23.78	41.81	99.56	32.76	63.33
26	150103	银河银泰混合	50.17	20.09	34.33	69.35	29.7	50.29

序号	代码	简称	占基金净值比			占股票市值比		
			最大值	最小值	均值	最大值	最小值	均值
27	310308	申万菱信盛利精选混合	54.54	20.8	34.31	72.76	30.27	49.84
28	257010	国联安小盘精选混合	51.75	19.62	33.00	71.67	29.26	47.03
29	121002	国投瑞银景气行业混合	57.88	15.32	30.36	82.74	26.41	49.52
30	320001	诺安平衡混合	42.57	17.04	31.76	59.33	28.68	46.33
31	162102	金鹰中小盘精选混合	66.85	32.30	45.02	97.02	44.64	64.92
32	217005	招商先锋混合	36.59	19.96	28.55	59.89	31.19	43.05
33	350001	天治财富增长混合	44.03	2.35	25.92	100.00	32.83	53.18
34	270002	广发稳健增长混合	44.80	20.68	32.23	64.68	33.32	51.09
35	040004	华安宝利配置混合	38.14	19.35	29.85	55.82	31.48	46.46
36	400001	东方龙混合	57.46	20.80	35.72	65.82	37.57	48.14
37	450001	国富中国收益混合	45.28	19.19	31.85	70.27	32.53	53.18
38	020001	国泰金鹰增长股票	52.84	23.32	34.40	64.41	33.38	41.54
39	260101	景顺长城优选股票	56.04	22.64	38.76	72.39	31.99	51.11
40	260104	景顺长城内需增长股票	57.42	27.64	46.02	67.16	37.50	54.27
41	162204	泰达宏利精选股票	49.53	25.97	39.29	58.91	35.51	46.56
42	360001	光大保德信量化股票	47.07	32.80	38.52	50.60	36.28	41.52
43	519997	长信银利精选股票	54.52	28.31	35.54	73.61	35.81	46.87
44	213002	宝盈泛沿海增长股票	54.76	27.65	41.04	73.43	38.63	51.39
45	460001	华泰柏瑞盛世中国股票	43.50	15.25	29.49	52.41	24.07	37.52
46	202001	南方稳健成长混合	67.37	18.64	37.51	85.91	26.53	52.11
47	000001	华夏成长混合	50.53	20.28	30.36	64.23	29.34	42.36
48	090001	大成价值增长混合	47.01	25.01	32.96	60.24	33.35	43.41
49	162201	泰达宏利成长股票	59.53	25.83	40.08	79.23	40.60	56.76
50	162202	泰达宏利周期股票	53.01	27.69	41.96	75.51	39.76	58.85
51	162203	泰达宏利稳定股票	58.90	28.06	41.58	79.23	42.30	59.55
52	217001	招商安泰股票	47.51	16.92	32.14	64.39	25.26	45.67

续表

序号	代码	简称	占基金净值比			占股票市值比		
			最大值	最小值	均值	最大值	最小值	均值
53	210001	金鹰成份优选混合	65.67	31.67	42.07	100	47.45	59.54
54	160603	鹏华普天收益混合	50.48	16.70	29.97	73.06	30.17	42.57
55	020003	国泰金龙行业混合	48.11	24.56	35.08	65.72	34.95	47.09
56	110002	易方达策略成长混合	55.09	31.97	40.40	60.26	36.98	49.32
57	070006	嘉实服务增值行业混合	56.42	26.03	38.10	62.96	29.69	45.61
58	161606	融通行业景气混合	63.66	30.89	46.86	81.31	35.60	54.62
59	240005	华宝兴业多策略股票	48.91	16.53	34.32	58.55	23.68	42.93
60	160605	鹏华中国50混合	40.96	26.9	34.01	53.63	31.40	43.21
61	510081	长盛动态精选混合	57.55	23.34	38.23	65.48	32.84	46.19
62	090003	大成蓝筹稳健混合	57.69	27.78	42.60	61.62	38.94	48.50
63	100020	富国天益价值股票	57.43	37.68	46.38	63.94	46.49	54.95
64	020005	国泰金马稳健混合	53.02	20.66	39.63	67.9	31.11	48.06
65	050004	博时精选股票	51.61	24.89	39.62	60.58	36.58	47.25
66	290002	泰信先行策略混合	53.60	17.89	33.08	57.82	21.64	40.89
67	000011	华夏大盘精选混合	50.86	21.88	36.12	57.39	29.03	43.48
68	110005	易方达积极成长混合	57.96	23.09	34.79	61.56	27.94	41.53
69	375010	上投摩根中国优势混合	77.28	33.25	48.13	92.84	37.61	55.38
70	398001	中海优质成长混合	60.55	19.16	32.99	76.94	30.94	43.60
71	090004	大成精选增值混合	52.37	28.69	36.57	62.48	35.19	43.51
72	350002	天治品质优选混合	43.28	22.23	33.19	62.51	28.17	43.95
73	580001	东吴嘉禾优势精选混合	55.95	20.75	35.83	64.71	35.03	45.64
74	410001	华富竞争力优选混合	54.91	15.32	40.65	74.36	28.85	50.94
75	100022	富国天瑞强势混合	66.28	32.59	48.35	71.18	38.08	55.18
76	398011	中海分红增利混合	60.55	19.16	32.99	76.94	30.94	43.60
77	002011	华夏红利混合	38.77	12.93	22.90	47.37	16.93	29.51

数据来源：聚源数据库，作者整理得到。

附录 4　样本基金与比较基准的业绩差异

单位：%

序号	基金代码	基金简称	2006 年		2007 年		2008 年		2009 年		2010 年		2011 年		2012 年	
			差值 1	差值 2	差值 1	差值 2	差值 1	差值 2	差值 1	差值 2	差值 1	差值 2	差值 1	差值 2	差值 1	差值 2
1	213002	宝盈泛沿海增长股票	-8.08	0.07	0.85	0.08	4.61	-0.32	-0.30	0.39	3.15	0.27	-6.57	0.38	0.01	0.44
2	213001	宝盈鸿利收益混合	15.11	0.21	-3.97	0.16	0.87	-1.20	-10.54	-0.16	3.08	-0.08	-1.02	0.15	-0.75	0.04
3	050001	博时价值增长混合	32.82	1.39	-24.35	1.03	1.93	-0.27	-2.49	-0.16	-3.15	0.19	5.52	-0.37	0.90	0.07
4	050004	博时精选股票	5.64	0.28	3.01	0.15	1.35	-0.22	1.93	0.28	-5.04	0.35	2.25	0.26	-0.83	0.30
5	200001	长城久恒平衡混合	14.49	0.20	1.43	-0.22	4.53	-0.81	-4.86	-0.18	-4.47	0.09	6.18	-0.11	-3.29	-0.18
6	080001	长盛成长价值混合	-4.44	-0.01	-2.47	0.00	2.06	-0.44	-3.89	-0.32	-0.41	-0.08	2.60	-0.27	-3.12	-0.34
7	510081	长盛动态精选混合	9.04	0.10	0.76	0.00	6.67	-0.69	-3.88	-0.10	2.55	-0.04	4.40	-0.22	-6.68	-0.34
8	519997	长信银利精选股票	-0.87	0.13	-4.79	0.06	3.97	-0.18	2.45	0.02	5.05	0.16	-4.81	0.28	-7.20	-0.01
9	090001	大成价值增长混合	3.45	0.10	5.55	-0.40	6.60	-0.48	0.53	-0.01	0.44	0.01	-3.85	0.02	-5.05	-0.02
10	090004	大成精选增长混合	9.55	0.48	2.19	0.18	4.16	-0.59	5.54	0.42	4.15	0.33	-9.35	0.36	-1.63	0.22
11	090003	大成蓝筹稳健混合	11.16	0.46	4.65	0.12	1.20	-0.08	3.53	0.44	5.40	0.42	-5.51	0.28	-1.27	0.30
12	233001	大摩基础行业混合	-10.30	0.13	2.59	0.35	-8.59	0.37	3.71	0.14	3.34	0.48	-2.45	-0.02	-3.85	0.03
13	400001	东方龙混合	1.02	0.43	1.72	0.32	-0.26	-0.52	-0.43	-0.49	0.90	-0.07	4.73	0.00	2.14	0.11
14	580001	东吴嘉禾优势精选混合	5.34	0.36	-0.48	0.20	7.88	-0.34	1.97	0.30	4.97	0.57	-2.82	0.32	-1.46	0.18
15	100022	富国天瑞强势精选混合	1.93	0.25	1.90	0.20	5.47	0.62	9.95	0.39	-0.07	0.65	1.76	0.59	3.08	0.23
16	100020	富国天益价值股票	4.24	0.05	11.80	-0.50	11.16	-1.20	-4.63	-0.22	2.01	-0.18	-0.84	-0.10	-2.17	-0.28
17	100016	富国天源平衡混合	-5.00	0.08	-4.12	0.10	2.67	-0.54	1.53	0.03	10.60	0.08	-3.77	0.07	-1.61	0.10

续表

序号	基金代码	基金简称	2006年		2007年		2008年		2009年		2010年		2011年		2012年	
			差值1	差值2	差值1	差值2	差值1	差值2	差值1	差值2	差值1	差值2	差值1	差值2	差值1	差值2
18	360001	光大保德信量化股票	-11.81	0.07	0.42	0.13	-3.10	0.30	3.54	0.08	-0.28	0.30	-0.11	0.16	1.11	0.08
19	270001	广发聚富	-9.08	0.08	1.20	0.00	2.59	-0.69	-1.93	-0.14	0.25	-0.24	1.63	-0.27	-2.01	-0.36
20	270002	广发稳健增长混合	-1.82	0.17	-1.71	0.00	3.88	0.16	0.42	0.46	2.21	0.60	-2.00	-0.04	-3.57	-0.16
21	450001	国富中国收益混合	4.82	0.18	-2.60	0.43	-2.41	0.20	10.30	0.52	4.11	0.60	-3.92	0.58	-0.46	0.30
22	255010	国联安稳健混合	12.33	0.33	2.92	-0.09	3.93	-0.58	-5.59	0.08	-2.84	0.36	0.12	0.05	-2.62	0.10
23	257010	国联安小盘精选混合	11.20	-0.02	-4.90	0.27	-2.30	0.12	-5.39	0.06	4.16	0.50	1.72	0.27	5.42	0.33
24	020003	国泰金龙行业混合	-29.92	-0.30	0.39	-0.18	13.12	0.00	4.67	0.03	2.33	0.27	3.71	0.12	-3.73	0.07
25	020005	国泰金马稳健混合	2.50	0.41	-1.28	-0.06	4.42	1.15	5.06	0.40	1.02	0.51	-5.04	0.45	0.17	0.08
26	020001	国泰鹰增长股票	-13.68	0.04	0.31	-0.66	20.81	-0.89	4.01	-0.15	1.03	0.06	-1.75	0.05	-4.57	0.04
27	121002	国投瑞银景气行业混合	3.50	0.27	0.55	-0.03	6.62	-0.91	-1.53	-0.32	4.56	-0.31	2.18	-0.26	-1.27	-0.20
28	519011	海富通精选混合	1.51	0.25	-1.62	0.13	4.15	-0.15	0.60	0.11	3.17	0.22	-0.87	0.05	-1.75	0.01
29	519003	海富通收益增长混合	9.52	0.47	-2.95	0.81	-2.16	0.34	6.89	0.53	2.23	0.64	-2.77	0.40	-1.10	0.43
30	040004	华安宝利配置混合	15.04	0.65	10.81	-0.02	-2.45	0.53	9.25	0.55	6.47	0.71	-7.12	0.37	-1.95	0.36
31	040001	华安创新混合	0.13	0.16	-0.13	-0.61	3.94	-0.68	-0.64	0.03	3.97	0.19	-3.64	0.01	-3.64	-0.13
32	240002	华宝兴业宝康配置混合	21.81	0.67	-1.77	0.52	-5.17	1.10	7.78	0.62	3.23	0.54	-4.91	0.53	3.05	0.48
33	240001	华宝兴业宝康消费品混合	-4.44	-0.04	1.01	-0.20	8.19	-0.46	6.89	-0.12	0.43	-0.21	2.67	-0.24	-6.57	-0.26

序号	基金代码	基金简称	2006 年 差值 1	2006 年 差值 2	2007 年 差值 1	2007 年 差值 2	2008 年 差值 1	2008 年 差值 2	2009 年 差值 1	2009 年 差值 2	2010 年 差值 1	2010 年 差值 2	2011 年 差值 1	2011 年 差值 2	2012 年 差值 1	2012 年 差值 2
34	240005	华宝兴业多策略股票	-4.46	0.29	-2.37	-0.01	8.57	-0.81	2.27	-0.01	-4.21	0.10	-1.29	0.25	-8.04	0.11
35	410001	华宝竞争力优选混合	-6.03	0.42	2.26	0.46	-1.07	0.64	6.88	0.36	7.34	0.80	-8.84	0.55	-4.19	0.59
36	460001	华泰柏瑞盛世中国股票	4.23	0.29	-2.36	0.20	5.47	-0.45	2.98	0.39	6.95	0.45	-3.58	0.16	-3.69	0.00
37	000001	华夏成长混合	33.11	1.17	-0.58	1.49	-9.50	1.76	16.05	1.36	6.37	1.33	-10.67	1.22	5.60	0.82
38	000011	华夏大盘精选混合	-13.55	0.13	8.64	-0.16	12.64	-0.61	13.39	0.11	7.85	0.04	-1.67	0.36	-4.43	0.20
39	002011	华夏红利混合	7.46	0.37	2.02	0.21	1.86	-0.14	5.05	0.42	2.30	0.52	-4.60	0.52	1.85	0.28
40	002001	华夏回报混合	25.45	1.17	0.62	1.23	-3.21	0.92	13.77	1.16	3.86	1.07	-2.52	0.79	4.39	0.63
41	288001	华夏经典混合	9.58	0.18	3.58	0.19	6.05	-0.38	3.05	0.11	2.18	0.05	-1.06	0.23	-1.72	0.21
42	070001	嘉实成长收益混合	-17.53	0.17	6.04	-0.77	19.60	-1.69	-1.94	-0.40	2.29	-0.28	1.99	-0.39	-5.78	-0.29
43	070006	嘉实服务增值行业混合	25.62	0.46	-0.81	-0.06	4.15	-0.57	-0.26	-0.01	3.61	0.26	4.75	-0.04	-5.16	-0.05
44	070003	嘉实稳健混合	-15.26	-0.25	-1.99	-0.44	5.91	-1.42	-7.29	-0.59	-2.00	-0.58	3.37	-0.45	-7.68	-0.46
45	070002	嘉实增长混合	18.42	-0.15	0.46	-0.81	0.12	-0.35	-15.17	-0.79	0.57	-0.48	13.96	-0.77	-2.82	-0.62
46	210001	金鹰成份优选混合	-13.36	-0.02	1.51	0.06	4.04	-0.14	5.80	0.09	1.29	0.28	-3.31	0.10	-6.00	-0.23
47	162102	金鹰中小盘精选混合	-5.66	-0.02	-5.36	-0.02	18.72	-0.17	1.11	0.06	5.54	0.11	-3.38	0.16	-2.89	-0.07
48	260103	景顺长城动力平衡混合	33.16	1.18	-1.70	1.46	-10.21	1.42	11.18	1.08	-0.84	0.63	-5.43	0.25	1.58	0.27
49	260104	景顺长城内需增长股票	9.71	0.40	0.26	0.11	1.17	0.02	5.74	0.21	3.89	0.65	5.41	0.14	0.41	0.18

续表

序号	基金代码	基金简称	2006年		2007年		2008年		2009年		2010年		2011年		2012年	
			差值1	差值2	差值1	差值2	差值1	差值2	差值1	差值2	差值1	差值2	差值1	差值2	差值1	差值2
50	260101	景顺长城优选股票	3.95	0.21	4.49	-0.08	0.55	0.06	2.99	0.04	-7.42	0.15	-0.69	-0.02	-2.32	0.16
51	202001	南方稳健成长混合	34.24	1.52	-3.13	1.40	-11.58	1.87	11.97	1.34	6.06	1.35	-5.40	0.96	3.44	0.86
52	320001	诺安平衡混合	4.88	-0.02	-9.03	0.31	0.99	-0.51	1.45	0.34	-2.72	0.30	-1.76	0.11	-3.10	-0.07
53	160603	鹏华普天收益混合	9.42	0.37	0.04	0.09	3.40	-0.05	-0.33	0.03	7.01	0.24	-3.70	0.05	-1.54	-0.05
54	206001	鹏华行业成长混合	7.13	0.00	2.94	-0.05	8.81	-1.06	-0.88	-0.09	3.80	0.11	-2.77	0.00	-0.09	-0.11
55	160605	鹏华中国50混合	-0.20	0.02	2.68	-0.15	11.15	-1.27	-1.27	-0.22	-2.39	-0.12	3.52	-0.21	0.80	-0.10
56	161605	融通蓝筹成长混合	9.52	0.18	-0.77	0.36	5.25	-0.73	-4.67	0.07	-11.04	0.07	5.39	-0.19	-1.89	-0.11
57	161601	融通新蓝筹混合	16.77	0.36	-1.28	0.25	5.17	-1.05	-4.75	0.19	-1.62	0.06	2.27	-0.07	-2.98	-0.13
58	161606	融通行业景气混合	-8.96	0.20	0.06	0.02	-3.10	0.84	4.77	0.48	-1.73	0.65	-5.93	0.61	1.19	0.21
59	375010	上投摩根中国优势混合	12.20	0.50	3.87	0.00	-3.27	0.68	2.04	-0.05	1.16	0.50	-2.40	0.53	5.81	0.60
60	310308	申万菱信盛利精选混合	5.81	0.18	2.04	-0.23	2.23	-0.73	-0.79	0.11	-0.34	0.24	-0.02	0.02	-3.85	0.09
61	162201	泰达宏利成长股票	-1.36	0.22	-2.87	-0.04	2.78	-0.20	2.07	0.18	13.94	0.40	-2.50	0.16	-0.34	0.23
62	162204	泰达宏利精选股票	19.55	0.67	-2.71	0.31	3.34	-0.33	-1.01	0.36	6.87	0.46	0.18	0.13	-4.32	0.09
63	162203	泰达宏利稳定股票	11.73	0.38	-0.66	0.16	-1.35	-0.40	-4.77	0.28	-1.69	0.52	1.55	0.25	-2.95	0.17
64	162202	泰达宏利周期股票	14.08	0.45	-0.94	0.16	8.67	-0.65	4.38	0.37	-2.84	0.20	-1.12	0.15	0.16	0.18
65	290002	泰信先行策略混合	8.73	0.40	-6.25	0.60	1.78	-0.75	1.10	0.56	-3.49	0.75	-1.21	0.34	-4.01	0.01

续表

序号	基金代码	基金简称	2006 年		2007 年		2008 年		2009 年		2010 年		2011 年		2012 年	
			差值 1	差值 2	差值 1	差值 2	差值 1	差值 2	差值 1	差值 2	差值 1	差值 2	差值 1	差值 2	差值 1	差值 2
66	350001	天治财富增长混合	6.68	0.56	-2.56	-0.46	7.93	-1.30	0.32	0.09	-1.25	0.23	-1.15	0.21	6.87	0.49
67	350002	天治品质优选混合	-3.97	0.30	1.47	-0.32	7.51	-0.96	2.20	0.03	3.09	0.28	-1.71	-0.12	-1.83	-0.08
68	110002	易方达策略成长混合	5.77	0.59	-0.93	0.10	8.72	-0.48	6.06	0.35	2.04	0.39	0.06	-0.04	-1.35	0.02
69	110005	易方达积极成长混合	-12.43	0.16	2.90	-0.53	14.86	-1.07	2.71	-0.09	-0.33	0.02	-2.59	0.02	-5.05	-0.07
70	110001	易方达平稳增长混合	-31.65	-0.53	5.54	-0.81	14.32	-1.62	-9.59	-0.53	-2.41	-0.33	3.63	-0.50	-5.10	-0.39
71	151001	银河稳健混合	3.86	0.28	3.16	-0.06	13.06	-0.67	1.65	0.07	-0.70	0.27	1.76	-0.05	-4.82	0.02
72	150103	银河银泰混合	21.38	0.70	-0.25	0.69	2.03	0.18	8.61	0.75	4.87	0.85	0.02	0.35	-3.12	0.44
73	180001	银华优势企业混合	-5.97	0.06	-1.03	-0.07	3.45	-0.78	1.37	-0.07	-0.65	0.09	0.54	-0.10	-2.25	-0.08
74	217001	招商安泰股票	-2.23	0.07	1.66	-0.21	7.49	-0.65	4.18	0.16	2.65	0.11	-4.18	0.27	-4.67	-0.02
75	217005	招商先锋混合	4.50	0.20	0.71	0.08	6.26	-0.54	3.40	0.48	3.97	0.24	-0.07	0.09	-2.33	0.09
76	398011	中海分红增利混合	-7.19	-0.08	1.55	-0.10	9.00	-0.51	-2.69	0.36	1.35	0.78	-1.04	0.28	-3.37	0.04
77	398001	中海优质成长混合	-2.99	0.20	-1.20	0.00	8.85	-1.10	1.72	0.29	11.16	0.41	-3.05	0.05	-3.02	-0.18

注：差值 1 = 基金净值增长率 - 业绩比较基准增长率；差值 2 = 基金净值增长率标准差 - 业绩比较基准增长率标准差。

数据来源：聚源数据库。

附录 5 个股配置能力显著性检验结果 ($k=1$)

序号	基金简称	原假设 H_0	t	P	均值	95%置信区间
1	华安创新混合	m = 0	-0.6144	0.5407	-0.6317	(-2.6788, 1.4155)
2	鹏华行业成长混合	m = 0	0.1889	0.8507	0.2353	(-2.2449, 2.7154)
3	富国天源平衡混合	m = 0	0.1063	0.9156	0.0756	(-1.3409, 1.4922)
4	易方达平稳增长混合	m = 0	-1.5178	0.1332	-1.8644	(-4.3104, 0.5816)
5	融通新蓝筹混合	m = 0	0.2994	0.7655	0.4567	(-2.5810, 3.4945)
6	长盛成长价值混合	m = 0	-0.7064	0.4820	-0.8101	(-3.0935, 1.4733)
7	宝盈鸿利收益混合	m = 0	-0.3719	0.7110	-0.6144	(-3.9042, 2.6755)
8	博时价值增长混合	m = 0	-1.0945	0.2771	-1.3187	(-3.7180, 1.0805)
9	嘉实成长收益混合	m = 0	-1.0972	0.2760	-1.3009	(-3.6620, 1.0602)
10	银华优势企业混合	m = 0	-0.7443	0.4589	-1.0002	(-3.6761, 1.6756)
11	嘉实增长混合	m = 0	-1.1210	0.2658	-1.6442	(-4.5646, 1.2763)
12	嘉实稳健混合	m = 0	-0.5306	0.5972	-0.3533	(-1.6789, 0.9724)
13	华宝兴业宝康配置混合	m = 0	-0.2819	0.7787	-0.2026	(-1.6337, 1.2285)
14	华宝兴业宝康消费品混合	m = 0	0.1539	0.8780	0.2525	(-3.0141, 3.5191)
15	银河稳健混合	m = 0	-1.5723	0.1200	-1.2162	(-2.7565, 0.3241)
16	国联安德健混合	m = 0	-0.7054	0.4827	-0.6695	(-2.5594, 1.2203)
17	海富通精选混合	m = 0	-1.0697	0.2881	-0.7562	(-2.1639, 0.6515)
18	华夏回报混合	m = 0	-0.4860	0.6283	-0.5378	(-2.7412, 1.6656)

续表

序号	基金简称	原假设 H₀	t	P	均值	95%置信区间
19	融通蓝筹成长混合	m = 0	0.0696	0.9447	0.1483	(− 4.0916, 4.3882)
20	景顺长城动力平衡混合	m = 0	− 1.4246	0.1583	− 1.3421	(− 3.2182, 0.5339)
21	长城久佰平衡混合	m = 0	− 1.0816	0.2828	− 1.3239	(− 3.7613, 1.1135)
22	广发聚富	m = 0	− 1.2907	0.2007	− 0.9785	(− 2.4882, 0.5312)
23	海富通收益增长混合	m = 0	0.6966	0.4882	0.5751	(− 1.0690, 2.2192)
24	华夏经典混合	m = 0	− 0.4128	0.6809	− 0.2715	(− 1.5814, 1.0383)
25	大摩基础行业混合*	mu≥0	− 2.1629	0.0168	− 3.8312	(− inf, − 0.8821)
26	银河银泰混合	m = 0	− 0.6249	0.5339	− 0.5899	(− 2.4695, 1.2898)
27	申万菱信盛利精选混合	m = 0	− 0.5834	0.5613	− 0.6102	(− 2.6931, 1.4726)
28	国联安小盘精选混合	m = 0	− 1.8112	0.0740	− 1.5442	(− 3.2419, 0.1536)
29	国投瑞银景气行业混合	m = 0	− 1.9221	0.0583	− 2.4962	(− 5.0823, 0.0899)
30	诺安平衡混合	m = 0	1.2530	0.2140	1.3280	(− 0.7825, 3.4386)
31	金鹰中小盘精选混合*	mu≥0	− 2.1645	0.0168	− 3.3614	(− inf, − 0.7759)
32	招商先锋混合	m = 0	− 1.3894	0.1687	− 0.8944	(− 2.1762, 0.3875)
33	天治财富增长混合	m = 0	− 0.4784	0.6337	− 0.8688	(− 4.4845, 2.7470)
34	广发稳健增长混合	m = 0	1.7718	0.0804	1.4997	(− 0.1857, 3.1852)
35	华安宝利配置混合	m = 0	0.2855	0.7760	0.1835	(− 1.0968, 1.4639)
36	东方龙混合	m = 0	− 0.4065	0.6855	− 0.4725	(− 2.7874, 1.8424)
37	国富中国收益混合	m = 0	0.1343	0.8935	0.1486	(− 2.0557, 2.3530)
38	国泰金鹰增长股票	m = 0	0.1394	0.8895	0.1519	(− 2.0172, 2.3209)

续表

序号	基金简称	原假设 H_0	t	P	均值	95% 置信区间
39	景顺长城优选股票	m = 0	-0.9167	0.3621	-0.7518	(-2.3848, 0.8812)
40	景顺长城内需增长股票	m = 0	0.3330	0.7401	0.4783	(-2.3824, 3.3391)
41	泰达宏利精选股票	m = 0	-0.5265	0.6001	-0.5686	(-2.7193, 1.5821)
42	光大保德信量化股票*	m ⩾ 0	-2.5523	0.0063	-1.6718	(-inf, -0.5813)
43	长信银利精选股票	m = 0	-0.2931	0.7702	-0.2509	(-1.9553, 1.4535)
44	宝盈泛沿海增长股票	m = 0	-0.1749	0.8616	-0.2778	(-3.4404, 2.8847)
45	华泰柏瑞盛世中国股票	m = 0	-0.2386	0.8120	-0.3570	(-3.3361, 2.6220)
46	南方稳健成长混合*	m ⩾ 0	-2.0173	0.0236	-2.1548	(-inf, -0.3764)
47	华夏成长混合	m = 0	0.8859	0.3784	0.9316	(-1.1624, 3.0256)
48	大成价值增长混合	m = 0	-0.6665	0.5071	-0.6631	(-2.6442, 1.3180)
49	泰达宏利成长股票	m = 0	-0.5899	0.5570	-0.6108	(-2.6726, 1.4509)
50	泰达宏利稳定股票	m = 0	0.3872	0.6997	0.6806	(-2.8196, 4.1808)
51	泰达宏利周期股票	m = 0	-0.7462	0.4578	-0.8941	(-3.2799, 1.4917)
52	招商安泰股票	m = 0	-1.3699	0.1747	-1.8480	(-4.5342, 0.8382)
53	金鹰成份优选混合	m = 0	-1.3593	0.1780	-3.6755	(-9.0598, 1.7089)
54	鹏华普天收益混合*	m ⩾ 0	-2.0289	0.0230	-2.3556	(-inf, -0.4226)
55	国泰金龙行业混合	m = 0	0.2971	0.7672	0.3226	(-1.8399, 2.4851)
56	易方达策略成长混合	m = 0	-1.9101	0.0598	-2.3849	(-4.8712, 0.1013)
57	嘉实服务增值行业混合	m = 0	-0.8302	0.4090	-0.5296	(-1.7998, 0.7407)
58	融通行业景气混合	m = 0	-1.2600	0.2115	-1.6110	(-4.1569, 0.9350)

续表

序号	基金简称	原假设 H_0	t	P	均值	95% 置信区间
59	华宝兴业多策略股票	m = 0	-1.7474	0.0846	-1.7215	(-3.6832, 0.2403)
60	鹏华中国 50 混合	m = 0	-1.6335	0.1065	-1.3007	(-2.8863, 0.2849)
61	长盛动态精选混合	m = 0	-1.3831	0.1706	-2.4287	(-5.9253, 1.0680)
62	大成蓝筹稳健混合	m = 0	-1.4444	0.1527	-1.5522	(-3.6921, 0.5877)
63	富国天益价值股票	m = 0	-0.5836	0.5612	-0.4345	(-1.9170, 1.0480)
64	国泰金马稳健混合	m = 0	-1.4362	0.1550	-1.6514	(-3.9410, 0.6382)
65	博时精选股票	m = 0	-0.0094	0.9925	-0.0097	(-2.0594, 2.0400)
66	泰信先行策略混合	m = 0	-0.3019	0.7635	-0.3436	(-2.6100, 1.9227)
67	华夏大盘精选混合	m = 0	0.8932	0.3745	0.9182	(-1.1289, 2.9654)
68	易方达积极成长混合	m = 0	-1.0003	0.3203	-1.3997	(-4.1861, 1.3867)
69	上投摩根中国优势混合	m = 0	0.3786	0.7060	0.4778	(-2.0352, 2.9908)
70	中海优质成长混合	m = 0	-1.5558	0.1238	-2.2321	(-5.0889, 0.6247)
71	大成精选增值混合	m = 0	-0.7106	0.4794	-0.7590	(-2.8856, 1.3677)
72	天冶品质优选混合	m = 0	-0.6250	0.5338	-0.6238	(-2.6115, 1.3639)
73	东吴嘉禾优势精选混合	m = 0	0.3893	0.6981	0.7270	(-2.9912, 4.4451)
74	华富竞争力优选混合 *	m ≥ 0	-2.0469	0.0220	-4.6540	(-inf, -0.8687)
75	富国天瑞强势混合	m = 0	-0.0662	0.9474	-0.0864	(-2.6850, 2.5122)
76	中海分红增利混合	m = 0	0.2072	0.8364	0.3021	(-2.6007, 3.2049)
77	华夏红利混合	m = 0	-1.4314	0.1564	-1.5683	(-3.7501, 0.6135)

注: * 表示在 5% 的水平下显著小于 0。m 或 mu 均代表配置能力序列的平均值, 下同。

附录 6 个股配置能力显著性检验结果（k=2）

序号	基金简称	原假设 H_0	t	P	均值	95%置信区间
1	华安创新混合	mu=0	-1.3006	0.1974	-1.7560	(-4.4464, 0.9343)
2	鹏华行业成长混合	mu=0	-0.1821	0.8560	-0.2004	(-2.3928, 1.9920)
3	富国天源平衡混合	mu=0	0.2372	0.8131	0.2308	(-1.7080, 2.1697)
4	易方达平稳增长混合	mu=0	-1.9534	0.0546	-3.5954	(-7.2628, 0.0720)
5	融通新蓝筹混合	mu=0	-0.9725	0.3340	-2.4956	(-7.6090, 2.6178)
6	长盛成长价值混合	mu=0	0.1771	0.8600	0.2817	(-2.8879, 3.4513)
7	宝盈鸿利收益混合	mu=0	-1.4832	0.1423	-3.7262	(-8.7319, 1.2795)
8	博时价值增长混合	mu=0	-1.7999	0.0760	-2.2515	(-4.7440, 0.2409)
9	嘉实成长收益混合	mu=0	-1.8365	0.0703	-3.8297	(-7.9846, 0.3253)
10	银华优势企业混合	mu=0	-1.1387	0.2585	-1.7283	(-4.7525, 1.2960)
11	嘉实增长混合	mu=0	-0.7630	0.4479	-1.5484	(-5.5921, 2.4953)
12	嘉实稳健混合	mu=0	-0.3879	0.6992	-0.3021	(-1.8541, 1.2498)
13	华宝兴业宝康配置混合	mu=0	0.4686	0.6408	0.3918	(-1.2742, 2.0578)
14	华宝兴业宝康消费品混合	mu=0	-0.5564	0.5796	-0.9284	(-4.2530, 2.3962)
15	银河稳健混合	mu=0	-1.9623	0.0535	-2.6254	(-5.2912, 0.0404)
16	国联安稳健混合	mu=0	-1.2580	0.2124	-1.7297	(-4.4693, 1.0100)
17	海富通精选混合	mu=0	-1.9648	0.0532	-1.6942	(-3.4124, 0.0240)
18	华夏回报混合	mu=0	-0.8040	0.4240	-1.5182	(-5.2808, 2.2444)

续表

序号	基金简称	原假设 H₀	t	P	均值	95%置信区间
19	融通蓝筹成长混合	mu = 0	-1.5635	0.1222	-3.8322	(-8.7162, 1.0517)
20	景顺长城动力平衡混合	mu = 0	-1.3195	0.1911	-1.4781	(-3.7103, 0.7540)
21	长城久佰平衡混合	mu = 0	-1.0958	0.2767	-1.5656	(-4.4125, 1.2813)
22	广发聚富*	mu ≥ 0	-2.0166	0.0237	-1.9137	(-inf, -0.3330)
23	海富通收益增长混合	mu = 0	0.9030	0.3695	0.9630	(-1.1621, 3.0881)
24	华夏经典混合	mu = 0	0.9709	0.3347	0.7719	(-0.8122, 2.3560)
25	大摩基础行业混合*	mu ≥ 0	-3.3139	0.0007	-6.9498	(-inf, -3.4566)
26	银河银泰混合	mu = 0	-1.0536	0.2955	-1.1313	(-3.2709, 1.0083)
27	申万菱信盛利精选混合	mu = 0	-1.2163	0.2277	-1.9195	(-5.0639, 1.2249)
28	国联安小盘精选混合	mu = 0	-1.6234	0.1088	-2.6513	(-5.9055, 0.6029)
29	国投瑞银景气行业混合*	mu ≥ 0	-2.4324	0.0087	-3.5920	(-inf, -1.1322)
30	诺安平衡混合	mu = 0	1.8204	0.0727	2.0536	(-0.1942, 4.3014)
31	金鹰中小盘精选混合*	mu ≥ 0	-3.1426	0.0012	-5.3612	(-inf, -2.5196)
32	招商先锋混合	mu = 0	-0.8090	0.4211	-0.8143	(-2.8197, 1.1912)
33	天治财富增长混合	mu = 0	0.2076	0.8360	0.3632	(-3.1220, 3.8484)
34	广发稳健增长混合	mu = 0	1.4598	0.1486	1.7791	(-0.6492, 4.2073)
35	华安宝利配置混合	mu = 0	-0.3554	0.7233	-0.3303	(-2.1818, 1.5213)
36	东方龙混合	mu = 0	-1.3543	0.1798	-2.1056	(-5.2034, 0.9923)
37	国富中国收益混合	mu = 0	0.1194	0.9053	0.1928	(-3.0257, 3.4114)
38	国泰金鹰增长股票	mu = 0	-0.2128	0.8320	-0.3580	(-3.7102, 2.9941)

续表

序号	基金简称	原假设 H_0	t	P	均值	95%置信区间
39	景顺长城优选股票	mu = 0	-1.6717	0.0988	-1.5991	(-3.5052, 0.3069)
40	景顺长城内需长增长股票	mu = 0	1.5393	0.1280	1.9830	(-0.5839, 4.5499)
41	泰达宏利精选股票	mu = 0	-0.8062	0.4227	-1.1173	(-3.8789, 1.6443)
42	光大保德信量化股票 *	mu ≥ 0	-2.2047	0.0153	-2.1111	(-inf, -0.5161)
43	长信银利精选股票	mu = 0	-0.7291	0.4682	-0.9496	(-3.5444, 1.6453)
44	宝盈泛海增长股票	mu = 0	-0.3715	0.7113	-0.6143	(-3.9094, 2.6807)
45	华泰柏瑞盛世中国股票	mu = 0	-0.2620	0.7941	-0.3416	(-2.9402, 2.2569)
46	南方稳健成长混合 *	mu ≥ 0	-3.3978	0.0005	-5.5290	(-inf, -2.8185)
47	华夏成长混合	mu = 0	1.5273	0.1309	1.9708	(-0.6003, 4.5419)
48	大成价值增长混合	mu = 0	-1.5404	0.1277	-1.9241	(-4.4130, 0.5648)
49	泰达宏利成长股票	mu = 0	-1.8710	0.0653	-2.8763	(-5.9395, 0.1869)
50	泰达宏利稳定股票	mu = 0	0.3355	0.7382	0.7923	(-3.9133, 5.4980)
51	泰达宏利周期股票	mu = 0	-0.9488	0.3458	-1.3086	(-4.0566, 1.4394)
52	招商安泰股票 *	mu ≥ 0	-2.8473	0.0029	-4.0687	(-inf, -1.6884)
53	金鹰成份优选混合 *	mu ≥ 0	-2.0847	0.0203	-5.4979	(-inf, -1.1050)
54	鹏华普天收益混合 *	mu ≥ 0	-2.4781	0.0077	-4.3175	(-inf, -1.4154)
55	国泰金龙行业混合	mu = 0	-0.1767	0.8603	-0.4116	(-5.0540, 4.2308)
56	易方达策略成长混合 *	mu ≥ 0	-2.1830	0.0161	-3.5706	(-inf, -0.8461)
57	嘉实服务增值行业混合	mu = 0	-1.3215	0.1904	-1.6488	(-4.1349, 0.8373)
58	融通行业景气混合	mu = 0	-1.3752	0.1732	-3.5361	(-8.6596, 1.5874)

续表

序号	基金简称	原假设 H₀	t	P	均值	95% 置信区间
59	华宝兴业多策略股票	mu = 0	− 1.4212	0.1595	− 1.9290	(− 4.6335, 0.7755)
60	鹏华中国 50 混合	mu = 0	− 1.5053	0.1365	− 1.6929	(− 3.9337, 0.5480)
61	长盛动态精选混合 *	mu ≥ 0	− 2.5999	0.0056	− 7.1560	(− inf, − 2.5713)
62	大成蓝筹稳健混合	mu = 0	− 1.7209	0.0895	− 2.6398	(− 5.6963, 0.4168)
63	富国天益价值股票	mu = 0	− 0.0751	0.9403	− 0.0572	(− 1.5744, 1.4600)
64	国泰金马稳健混合	mu = 0	− 1.0139	0.3139	− 2.1061	(− 6.2450, 2.0329)
65	博时精选股票	mu = 0	− 0.5360	0.5936	− 0.6781	(− 3.1991, 1.8429)
66	泰信先行策略混合	mu = 0	− 0.3364	0.7375	− 0.6375	(− 4.4138, 3.1387)
67	华夏大盘精选混合	mu = 0	0.4183	0.6770	0.4194	(− 1.5785, 2.4173)
68	易方达积极成长混合	mu = 0	− 1.9449	0.0556	− 3.9951	(− 8.0881, 0.0979)
69	上投摩根中国优势混合	mu = 0	− 1.1819	0.2410	− 1.6371	(− 4.3970, 1.1229)
70	中海优质成长混合 *	mu ≥ 0	− 2.0990	0.0196	− 4.3360	(− inf, − 0.8951)
71	大成精选增值混合	mu = 0	− 1.7602	0.0825	− 2.2540	(− 4.8054, 0.2975)
72	天治品质优选混合	mu = 0	− 1.5937	0.1153	− 1.9656	(− 4.4231, 0.4919)
73	东吴嘉禾优势精选混合	mu = 0	0.4789	0.6334	0.8839	(− 2.7936, 4.5614)
74	华富竞争力优选混合 *	mu ≥ 0	− 2.6509	0.0049	− 6.4356	(− inf, − 2.3917)
75	富国天瑞强势混合	mu = 0	− 0.1105	0.9123	− 0.1696	(− 3.2274, 2.8883)
76	中海分红增利混合	mu = 0	0.4888	0.6264	0.8752	(− 2.6926, 4.4430)
77	华夏红利混合	mu = 0	− 1.8378	0.0701	− 1.4995	(− 3.1252, 0.1263)

注: * 表示在 5% 的水平下显著小于 0。

附录 7 个股配置能力显著性检验结果 （k=4）

序号	基金简称	原假设 H_0	t	P	均值	95%置信区间
1	华安创新混合	mu=0	-1.4531	0.1508	-2.5114	(-5.9602, 0.9374)
2	鹏华行业成长混合	mu=0	-0.5052	0.6151	-0.7865	(-3.8933, 2.3203)
3	富国天源平衡混合	mu=0	1.9726	0.0526	2.2997	(-0.0266, 4.6260)
4	易方达平稳增长混合*	mu≥0	-2.2724	0.0131	-5.8630	(-inf, -1.5604)
5	融通新蓝筹混合	mu=0	-1.6880	0.0960	-5.1324	(-11.1995, 0.9348)
6	长盛成长价值混合	mu=0	0.4288	0.6694	0.7164	(-2.6178, 4.0507)
7	宝盈鸿利收益混合*	mu≥0	-3.0690	0.0015	-7.6957	(-inf, -3.5142)
8	博时价值增长混合	mu=0	-0.6873	0.4943	-1.3860	(-5.4103, 2.6383)
9	嘉实成长收益混合	mu=0	-1.5146	0.1345	-2.8101	(-6.5124, 0.8922)
10	银华优势企业混合*	mu≥0	-2.4340	0.0088	-3.8832	(-inf, -1.2228)
11	嘉实增长混合	mu=0	-0.4351	0.6649	-0.7373	(-4.1189, 2.6443)
12	嘉实稳健混合	mu=0	-0.6352	0.5274	-0.6830	(-2.8284, 1.4624)
13	华宝兴业宝康配置混合	mu=0	-0.1730	0.8632	-0.1700	(-2.1317, 1.7917)
14	华宝兴业宝康消费品混合*	mu≥0	-2.0268	0.0233	-4.2923	(-inf, -0.7608)
15	银河稳健混合*	mu≥0	-2.4487	0.0085	-3.7908	(-inf, -1.2093)
16	国联安稳健混合	mu=0	-1.9036	0.0612	-3.2084	(-6.5716, 0.1549)
17	海富通精选混合	mu=0	-1.3719	0.1746	-1.6699	(-4.0989, 0.7591)
18	华夏回报混合	mu=0	-1.3902	0.1690	-2.8844	(-7.0247, 1.2560)

续表

序号	基金简称	原假设 H_0	t	P	均值	95% 置信区间
19	融通蓝筹成长混合*	mu≥0	-2.0446	0.0224	-5.5357	(-inf, -1.0209)
20	景顺长城动力平衡混合	mu=0	-0.8640	0.3906	-1.0682	(-3.5351, 1.3988)
21	长城久恒平衡混合	mu=0	-1.0773	0.2851	-1.7438	(-4.9738, 1.4862)
22	广发聚富*	mu≥0	-4.4141	0.0000	-3.5527	(-inf, -2.2106)
23	海富通收益增长混合	mu=0	0.3393	0.7355	0.4368	(-2.1326, 3.0062)
24	华夏经典混合	mu=0	1.1123	0.2699	0.9063	(-0.7197, 2.5324)
25	大摩基础行业混合*	mu≥0	-3.3480	0.0007	-9.7076	(-inf, -4.8725)
26	银河银泰混合	mu=0	-0.6715	0.5042	-0.5903	(-2.3444, 1.1639)
27	申万菱信盛利精选混合	mu=0	-1.1429	0.2571	-1.6302	(-4.4763, 1.2160)
28	国联安小盘精选混合	mu=0	-1.5207	0.1330	-2.7114	(-6.2694, 0.8466)
29	国投瑞银景气行业混合	mu=0	-1.9660	0.0534	-4.9383	(-9.9504, 0.0739)
30	诺安平衡混合	mu=0	1.7320	0.0878	2.9609	(-0.4503, 6.3721)
31	金鹰中小盘精选混合	mu=0	-1.9138	0.0599	-4.1529	(-8.4830, 0.1772)
32	招商先锋混合	mu=0	-1.2736	0.2071	-1.2965	(-3.3278, 0.7348)
33	天治财富增长混合	mu=0	-0.9173	0.3622	-1.7214	(-5.4662, 2.0233)
34	广发稳健增长混合	mu=0	-0.9587	0.3411	-1.4339	(-4.4186, 1.5508)
35	华安宝利配置混合	mu=0	-1.5006	0.1381	-1.7317	(-4.0345, 0.5711)
36	东方龙混合	mu=0	-1.2642	0.2105	-2.5552	(-6.5886, 1.4781)
37	国富中国收益混合	mu=0	-0.1740	0.8624	-0.3040	(-3.7915, 3.1835)
38	国泰金鹰增长股票	mu=0	0.7298	0.4680	1.3465	(-2.3352, 5.0282)

续表

序号	基金简称	原假设 H₀	t	P	均值	95%置信区间
39	景顺长城优选股票*	$mu \geq 0$	-2.7295	0.0040	-3.2915	(-inf, -1.2806)
40	景顺长城内需增长股票	$mu = 0$	-0.1771	0.8600	-0.3497	(-4.2903, 3.5909)
41	泰达宏利精选股票	$mu = 0$	-1.6776	0.0980	-2.4660	(-5.3993, 0.4672)
42	光大保德信量化股票	$mu = 0$	-1.9738	0.0525	-2.1581	(-4.3398, 0.0237)
43	长信银利精选股票	$mu = 0$	0.2896	0.7730	0.3329	(-1.9614, 2.6273)
44	宝盈泛沿海增长股票	$mu = 0$	-0.1430	0.8867	-0.1965	(-2.9385, 2.5454)
45	华泰柏瑞盛世中国股票	$mu = 0$	-0.9358	0.3527	-1.3455	(-4.2146, 1.5236)
46	南方稳健成长混合*	$mu \geq 0$	-2.6392	0.0051	-5.5108	(-inf, -2.0289)
47	华夏成长混合	$mu = 0$	-0.8057	0.4232	-1.3823	(-4.8060, 2.0414)
48	大成价值增长混合	$mu = 0$	-1.4805	0.1434	-2.0347	(-4.7771, 0.7077)
49	泰达宏利成长股票	$mu = 0$	-0.9774	0.3318	-1.5398	(-4.6834, 1.6038)
50	泰达宏利稳定股票	$mu = 0$	1.1089	0.2714	2.3544	(-1.8825, 6.5913)
51	泰达宏利周期股票	$mu = 0$	-1.4413	0.1541	-2.7008	(-6.4399, 1.0384)
52	招商安泰股票	$mu = 0$	-1.8018	0.0760	-2.9547	(-6.2270, 0.3176)
53	金鹰成份优选混合	$mu = 0$	-1.7870	0.0784	-6.3255	(-13.3892, 0.7381)
54	鹏华普天收益混合*	$mu \geq 0$	-2.4171	0.0092	-4.9821	(-inf, -1.5450)
55	国泰金龙行业混合**	$mu \leq 2$	0.6157	0.2701	2.7691	(0.6860, Inf)
56	易方达策略成长混合	$mu = 0$	-1.9676	0.0532	-3.8599	(-7.7744, 0.0547)
57	嘉实服务增值行业混合	$mu = 0$	-1.9814	0.0516	-2.3989	(-4.8149, 0.0171)
58	融通行业景气混合*	$mu \geq 0$	-2.2304	0.0145	-4.3921	(-inf, -1.1083)

续表

序号	基金简称	原假设 H₀	t	P	均值	95% 置信区间
59	华宝兴业多策略股票	$mu = 0$	-1.7456	0.0854	-2.7992	(-5.9990, 0.4006)
60	鹏华中国50混合	$mu = 0$	-1.9318	0.0576	-2.4601	(-5.0014, 0.0811)
61	长盛动态精选混合*	$mu \geq 0$	-2.7670	0.0036	-6.9494	(-inf, -2.7613)
62	大成蓝筹稳健混合	$mu = 0$	-1.1690	0.2465	-1.8237	(-4.9368, 1.2894)
63	富国天益价值股票	$mu = 0$	0.6295	0.5311	0.7335	(-1.5917, 3.0588)
64	国泰金马稳健混合	$mu = 0$	0.3264	0.7452	0.6937	(-3.5480, 4.9355)
65	博时精选股票	$mu = 0$	0.3871	0.6999	0.5862	(-2.4359, 3.6084)
66	泰信先行策略混合	$mu = 0$	-0.3811	0.7043	-0.7370	(-4.5963, 3.1222)
67	华夏大盘精选混合	$mu = 0$	1.8357	0.0708	2.7715	(-0.2412, 5.7842)
68	易方达积极成长混合*	$mu \geq 0$	-2.9466	0.0022	-6.3623	(-inf, -2.7617)
69	上投摩根中国优势混合	$mu = 0$	-1.8925	0.0627	-3.2518	(-6.6806, 0.1769)
70	中海优质成长混合*	$mu \geq 0$	-2.6389	0.0052	-6.0467	(-inf, -2.2257)
71	大成精选增值混合*	$mu \geq 0$	-3.2974	0.0008	-4.3819	(-inf, -2.1658)
72	天治品质优选混合	$mu = 0$	-1.7739	0.0806	-2.5107	(-5.3349, 0.3136)
73	东吴嘉禾优势精选混合	$mu = 0$	1.7306	0.0881	3.5796	(-0.5478, 7.7070)
74	华富竞争力优选混合	$mu = 0$	-1.7820	0.0792	-4.4280	(-9.3865, 0.5305)
75	富国天瑞强势混合	$mu = 0$	-0.3411	0.7341	-0.5633	(-3.8590, 2.7324)
76	中海分红增利混合*	$mu = 0$	-0.0609	0.9516	-0.0936	(-3.1630, 2.9758)
77	华夏红利混合*	$mu \geq 0$	-2.8405	0.0030	-2.9528	(-inf, -1.2193)

注：* 表示在 5% 的水平下显著小于 0；** 表示在 5% 的水平下显著大于 2。

附录 8　行业配置能力显著性检验结果（$k=1$）

序号	基金简称	原假设 H_0	t	P	均值	95%置信区间
1	华安创新混合	mu = 0	0.3797	0.7052	0.5237	（−2.2230, 3.2705）
2	鹏华行业成长混合	mu = 0	−0.0827	0.9343	−0.1272	（−3.1903, 2.9360）
3	富国天源平衡混合	mu = 0	1.0789	0.2840	1.5668	（−1.3248, 4.4584）
4	易方达平稳增长混合	mu = 0	0.8024	0.4248	1.2960	（−1.9202, 4.5123）
5	融通新蓝筹混合	mu = 0	1.6152	0.1104	2.8109	（−0.6544, 6.2761）
6	长盛成长价值混合	mu = 0	0.0500	0.9602	0.0452	（−1.7535, 1.8439）
7	宝盈鸿利收益混合	mu = 0	−0.9643	0.3379	−4.5621	（−13.9832, 4.8590）
8	博时价值增长混合	mu = 0	−0.3612	0.7189	−0.7301	（−4.7544, 3.2943）
9	嘉实成长收益混合	mu = 0	0.5393	0.5912	0.7577	（−2.0398, 3.5552）
10	银华优势企业混合	mu = 0	1.1136	0.2689	0.9769	（−0.7699, 2.7238）
11	嘉实增长混合	mu = 0	−0.1342	0.8936	−0.0993	（−1.5724, 1.3738）
12	嘉实稳健混合	mu = 0	−0.7070	0.4817	−1.0540	（−4.0228, 1.9148）
13	华宝兴业宝康配置混合	mu = 0	−1.0237	0.3092	−1.6643	（−4.9015, 1.5729）
14	华宝兴业宝康消费品混合	mu = 0	0.3844	0.7017	0.6618	（−2.7664, 4.0900）
15	银河稳健混合	mu = 0	0.6337	0.5282	0.6318	（−1.3535, 2.6171）
16	国联安稳健混合	mu = 0	−1.1287	0.2625	−1.5323	（−4.2355, 1.1710）
17	海富通精选混合	mu = 0	−1.1387	0.2583	−1.1798	（−3.2429, 0.8833）
18	华夏回报混合	mu = 0	−0.3031	0.7627	−0.5713	（−4.3251, 3.1825）

续表

序号	基金简称	原假设 H_0	t	P	均值	95%置信区间
19	融通蓝筹成长混合	mu = 0	1.0319	0.3054	2.2517	(−2.0935,6.5968)
20	景顺长城动力平衡混合	mu = 0	−0.5710	0.5696	−1.2857	(−5.7691,3.1977)
21	长城久恒平衡混合	mu = 0	0.5380	0.5921	0.8512	(−2.2992,4.0016)
22	广发聚富	mu = 0	−1.1006	0.2745	−1.0776	(−3.0273,0.8721)
23	海富通收益增长混合	mu = 0	0.7858	0.4344	0.7281	(−1.1170,2.5733)
24	华夏经典混合	mu = 0	0.8430	0.4019	0.8717	(−1.1875,2.9309)
25	大摩基础行业混合	mu = 0	−0.9603	0.3399	−1.8028	(−5.5410,1.9354)
26	银河银泰混合	mu = 0	0.9478	0.3462	0.9581	(−1.0547,2.9709)
27	申万菱信盛利精选混合	mu = 0	0.5720	0.5690	0.7492	(−1.8590,3.3575)
28	国联安小盘精选混合	mu = 0	−0.6231	0.5350	−0.5950	(−2.4963,1.3063)
29	国投瑞银景气行业混合	mu = 0	−0.4822	0.6310	−0.6462	(−3.3147,2.0223)
30	诺安平衡混合	mu = 0	1.0537	0.2953	1.3259	(−1.1798,3.8316)
31	金鹰中小盘精选混合	mu = 0	−1.3626	0.1770	−1.7845	(−4.3925,0.8234)
32	招商先锋混合	mu = 0	0.7279	0.4689	1.0478	(−1.8188,3.9145)
33	天治财富增长混合	mu = 0	−0.0556	0.9558	−0.1465	(−5.3933,5.1002)
34	广发稳健增长混合	mu = 0	1.2683	0.2085	1.3051	(−0.7439,3.3540)
35	华安宝利配置混合	mu = 0	−0.1628	0.8710	−0.2478	(−3.2775,2.7820)
36	东方龙混合	mu = 0	−1.0311	0.3057	−1.1518	(−3.3763,1.0726)
37	国富中国收益混合	mu = 0	1.8373	0.0700	1.6195	(−0.1357,3.3747)
38	国泰金鹰增长股票	mu = 0	1.1586	0.2502	1.4709	(−1.0571,3.9989)

续表

序号	基金简称	原假设 H₀	t	P	均值	95%置信区间
39	景顺长城优选股票	mu = 0	- 0.5400	0.5907	- 0.6105	(- 2.8617, 1.6406)
40	景顺长城内需增长股票	mu = 0	0.3803	0.7048	0.9757	(- 4.1334, 6.0848)
41	泰达宏利精选股票	mu = 0	0.2663	0.7907	0.4360	(- 2.8238, 3.6959)
42	光大保德信信量化股票	mu = 0	- 0.8136	0.4184	- 0.7625	(- 2.6286, 1.1037)
43	长信银利精选股票	mu = 0	1.1989	0.2342	1.0831	(- 0.7158, 2.8819)
44	宝盈泛沿海增长股票	mu = 0	- 0.9604	0.3399	- 3.0780	(- 9.4601, 3.3040)
45	华泰柏瑞盛世中国股票	mu = 0	0.8406	0.4032	1.4913	(- 2.0413, 5.0239)
46	南方稳健成长混合	mu = 0	- 0.9685	0.3358	- 1.4982	(- 4.5783, 1.5820)
47	华夏成长混合	mu = 0	0.6921	0.4910	0.7148	(- 1.3418, 2.7715)
48	大成价值增长混合	mu = 0	1.4089	0.1629	1.3191	(- 0.5453, 3.1836)
49	泰达宏利成长股票	mu = 0	- 1.2539	0.2137	- 1.5409	(- 3.9881, 0.9062)
50	泰达宏利稳定股票	mu = 0	0.7398	0.4617	1.2191	(- 2.0622, 4.5005)
51	泰达宏利周期股票	mu = 0	0.1542	0.8779	0.2317	(- 2.7597, 3.2230)
52	招商安泰股票	mu = 0	- 0.5830	0.5616	- 0.7036	(- 3.1070, 1.6997)
53	金鹰成份优选混合	mu = 0	- 1.0677	0.2890	- 1.2545	(- 3.5942, 1.0852)
54	鹏华普天收益混合	mu = 0	- 0.1652	0.8692	- 0.3207	(- 4.1855, 3.5441)
55	国泰金龙行业混合	mu = 0	- 0.0241	0.9809	- 0.0233	(- 1.9558, 1.9091)
56	易方达策略成长混合	mu = 0	0.3532	0.7249	0.7388	(- 3.4263, 4.9039)
57	嘉实服务增值行业混合	mu = 0	- 0.9736	0.3333	- 0.9833	(- 2.9944, 1.0278)
58	融通行业景气混合	mu = 0	0.8025	0.4247	1.3489	(- 1.9980, 4.6958)

续表

序号	基金简称	原假设 H_0	t	P	均值	95% 置信区间
59	华宝兴业多策略股票	mu = 0	0.5087	0.6124	0.8495	(−2.4761, 4.1751)
60	鹏华中国 50 混合	mu = 0	0.6096	0.5439	1.0256	(−2.3244, 4.3756)
61	长盛动态精选混合	mu = 0	−0.5579	0.5785	−1.0687	(−4.8828, 2.7454)
62	大成蓝筹稳健混合	mu = 0	0.4065	0.6855	0.5846	(−2.2787, 3.4478)
63	富国天益价值股票	mu = 0	0.9390	0.3507	1.0555	(−1.1828, 3.2937)
64	国泰金马稳健混合	mu = 0	−0.6998	0.4862	−0.9482	(−3.6465, 1.7500)
65	博时精选股票	mu = 0	0.6415	0.5231	0.7259	(−1.5273, 2.9790)
66	泰信先行策略混合	mu = 0	0.8756	0.3840	1.4735	(−1.8774, 4.8244)
67	华夏大盘精选混合	mu = 0	1.0279	0.3072	2.1509	(−2.0160, 6.3179)
68	易方达积极成长混合	mu = 0	0.1021	0.9190	0.1959	(−3.6258, 4.0176)
69	上投摩根中国优势混合	mu = 0	0.4482	0.6552	0.5968	(−2.0544, 3.2481)
70	中海优质成长混合	mu = 0	0.5868	0.5590	1.3304	(−3.1838, 5.8446)
71	大成精选增值混合	mu = 0	−0.1113	0.9117	−0.2979	(−5.6285, 5.0328)
72	天治品质优选混合	mu = 0	0.7616	0.4486	1.4541	(−2.3476, 5.2559)
73	东吴嘉禾优势精选混合	mu = 0	2.0656	0.0422	3.6567	(0.1316, 7.1818)
74	华富竞争力优选混合	mu = 0	−0.6952	0.4890	−2.1669	(−8.3734, 4.0397)
75	富国天瑞强势混合	mu = 0	0.1309	0.8962	0.1977	(−2.8108, 3.2063)
76	中海分红增利混合	mu = 0	0.7928	0.4303	1.1461	(−1.7324, 4.0245)
77	华夏红利混合	mu = 0	0.6744	0.5021	1.2315	(−2.4045, 4.8674)

附录 9　行业配置能力显著性检验结果（$k=2$）

序号	基金简称	原假设 H_0	t	P	均值	95%置信区间
1	华安创新混合	mu = 0	0.1576	0.8752	0.2521	(−2.9356, 3.4398)
2	鹏华行业成长混合	mu = 0	−0.8425	0.4022	−1.8494	(−6.2235, 2.5246)
3	富国天源平衡混合	mu = 0	−0.1075	0.9147	−0.1443	(−2.8185, 2.5299)
4	易方达平稳增长混合	mu = 0	0.3014	0.7640	0.6403	(−3.5928, 4.8734)
5	融通新蓝筹混合	mu = 0	0.5643	0.5742	1.4667	(−3.7121, 6.6455)
6	长盛成长价值混合	mu = 0	0.0191	0.9848	0.0191	(−1.9686, 2.0067)
7	宝盈鸿利收益混合	mu = 0	−0.7409	0.4611	−3.8632	(−14.2529, 6.5265)
8	博时价值增长混合	mu = 0	−0.6720	0.5037	−1.4479	(−5.7414, 2.8456)
9	嘉实成长收益混合	mu = 0	−0.3015	0.7639	−0.7274	(−5.5345, 4.0796)
10	银华优势企业混合	mu = 0	0.6826	0.4970	1.1238	(−2.1567, 4.4043)
11	嘉实增长混合	mu = 0	−0.2443	0.8076	−0.1949	(−1.7842, 1.3944)
12	嘉实稳健混合	mu = 0	−1.4385	0.1545	−2.0291	(−4.8398, 0.7815)
13	华宝兴业宝康配置混合	mu = 0	−0.4633	0.6445	−0.7677	(−4.0698, 2.5343)
14	华宝兴业宝康消费品混合	mu = 0	−0.4057	0.6862	−0.6470	(−3.8252, 2.5311)
15	银河稳健混合	mu = 0	−0.6278	0.5321	−0.9378	(−3.9144, 2.0388)
16	国联安稳健混合	mu = 0	−1.6902	0.0952	−3.5581	(−7.7528, 0.6365)
17	海富通精选混合	mu = 0	−1.4318	0.1564	−1.9271	(−4.6089, 0.7547)
18	华夏回报混合	mu = 0	0.1749	0.8617	0.4673	(−4.8575, 5.7922)

续表

序号	基金简称	原假设 H_0	t	P	均值	95%置信区间
19	融通蓝筹成长混合	mu = 0	0.5825	0.5620	1.5003	(− 3.6315,6.6321)
20	景顺长城动力平衡混合	mu = 0	− 0.4871	0.6276	− 0.8995	(− 4.5792,2.7802)
21	长城久恒平衡混合	mu = 0	− 0.5856	0.5599	− 1.3239	(− 5.8283,3.1805)
22	广发聚富	mu = 0	− 1.3027	0.1967	− 2.2233	(− 5.6238,1.1773)
23	海富通收益增长混合	mu = 0	0.5544	0.5810	0.8336	(− 2.1625,3.8296)
24	华夏经典混合	mu = 0	− 0.4607	0.6464	− 0.5522	(− 2.9407,1.8363)
25	大摩基础行业混合	mu = 0	− 1.1462	0.2554	− 2.3050	(− 6.3120,1.7021)
26	银河银泰混合	mu = 0	0.2954	0.7685	0.3980	(− 2.2866,3.0827)
27	申万菱信盛利精选混合	mu = 0	− 0.4934	0.6232	− 0.8195	(− 4.1287,2.4897)
28	国联安小盘精选混合	mu = 0	− 1.4300	0.1569	− 1.4761	(− 3.5328,0.5807)
29	国投瑞银景气行业混合	mu = 0	− 1.2996	0.1978	− 2.2100	(− 5.5983,1.1783)
30	诺安平衡混合	mu = 0	1.0379	0.3027	2.1660	(− 1.9924,6.3244)
31	金鹰中小盘精选混合 *	mu ≥ 0	− 2.3010	0.0121	− 2.9725	(− inf, − 0.8207)
32	招商先锋混合	mu = 0	0.2614	0.7945	0.5899	(− 3.9068,5.0865)
33	天治财富增长混合	mu = 0	0.1402	0.8888	0.4545	(− 6.0024,6.9113)
34	广发稳健增长混合	mu = 0	1.2146	0.2284	1.4966	(− 0.9585,3.9516)
35	华安宝利配置混合	mu = 0	0.7696	0.4440	1.3906	(− 2.2098,4.9911)
36	东方龙混合	mu = 0	− 1.4810	0.1428	− 2.6864	(− 6.3005,0.9278)
37	国富中国收益混合	mu = 0	1.5363	0.1287	1.7172	(− 0.5100,3.9445)
38	国泰金鹰增长股票	mu = 0	0.2838	0.7773	0.4899	(− 2.9491,3.9290)

续表

序号	基金简称	原假设 H₀	t	P	均值	95%置信区间
39	景顺长城优选股票	mu = 0	-1.3326	0.1867	-1.5639	(-3.9023, 0.7745)
40	景顺长城内需增长股票	mu = 0	0.7116	0.4789	2.0497	(-3.6892, 7.7885)
41	泰达宏利精选股票	mu = 0	0.3142	0.7543	0.8556	(-4.5713, 6.2826)
42	光大保德信量化股票	mu = 0	-0.6961	0.4885	-0.9357	(-3.6140, 1.7426)
43	长信银利精选股票	mu = 0	0.3913	0.6967	0.6075	(-2.4862, 3.7012)
44	宝盈泛海沿海增长股票	mu = 0	-1.3822	0.1711	-5.4324	(-13.2639, 2.3991)
45	华泰柏瑞盛世中国股票	mu = 0	-0.0171	0.9864	-0.0372	(-4.3755, 4.3012)
46	南方稳健成长混合	mu = 0	-1.2396	0.2190	-2.2380	(-5.8353, 1.3593)
47	华夏成长混合	mu = 0	0.3648	0.7163	0.5485	(-2.4479, 3.5450)
48	大成价值增长混合	mu = 0	0.5695	0.5707	0.8406	(-2.1003, 3.7815)
49	泰达宏利成长股票*	mu ≥ 0	-2.3996	0.0095	-3.6917	(-inf, -1.1291)
50	泰达宏利稳定股票	mu = 0	0.2180	0.8280	0.4774	(-3.8855, 4.8404)
51	泰达宏利周期股票	mu = 0	-1.2314	0.2221	-2.2980	(-6.0165, 1.4206)
52	招商安泰股票	mu = 0	-1.9835	0.0510	-2.6892	(-5.3905, 0.0122)
53	金鹰成份优选混合	mu = 0	-1.8834	0.0636	-2.6705	(-5.4959, 0.1548)
54	鹏华普天收益混合	mu = 0	-0.1885	0.8510	-0.3435	(-3.9747, 3.2877)
55	国泰金龙行业混合	mu = 0	0.7986	0.4271	0.8409	(-1.2573, 2.9391)
56	易方达策略成长混合	mu = 0	0.0764	0.9393	0.2022	(-5.0737, 5.4781)
57	嘉实服务增值行业混合	mu = 0	-1.9779	0.0517	-2.4848	(-4.9879, 0.0183)
58	融通行业景气混合	mu = 0	-0.2977	0.7668	-0.7207	(-5.5448, 4.1034)

续表

序号	基金简称	原假设 H₀	t	P	均值	95%置信区间
59	华宝兴业多策略股票	mu = 0	0.7804	0.4376	1.9795	(−3.0746, 7.0337)
60	鹏华中国50混合	mu = 0	0.3655	0.7158	0.9346	(−4.1601, 6.0294)
61	长盛动态精选混合	mu = 0	−1.2856	0.2026	−3.7582	(−9.5831, 2.0667)
62	大成蓝筹稳健混合	mu = 0	−0.4404	0.6609	−0.9412	(−5.1993, 3.317)
63	富国天益价值股票	mu = 0	0.7686	0.4446	1.2425	(−1.9787, 4.4637)
64	国泰金马稳健混合	mu = 0	−0.8333	0.4073	−1.6051	(−5.4428, 2.2327)
65	博时精选股票	mu = 0	0.3843	0.7018	0.7863	(−3.2902, 4.8628)
66	泰信先行策略混合	mu = 0	0.6605	0.5110	1.7726	(−3.575, 7.1202)
67	华夏大盘精选混合	mu = 0	1.7566	0.0831	3.5061	(−0.471, 7.4831)
68	易方达积极成长混合	mu = 0	−0.0247	0.9804	−0.0638	(−5.2203, 5.0927)
69	上投摩根中国优势混合	mu = 0	−0.7262	0.4700	−0.9121	(−3.4146, 1.5905)
70	中海优质成长混合	mu = 0	0.6022	0.5489	1.6701	(−3.8563, 7.1964)
71	大成精选增值混合	mu = 0	−0.8488	0.3987	−2.3293	(−7.7969, 3.1384)
72	天治品质优选混合	mu = 0	0.3643	0.7167	0.8954	(−4.0026, 5.7933)
73	东吴嘉禾优势精选混合**	mu ≤ 2	1.1725	0.1224	4.4586	(0.9659, Inf)
74	华富竞争力优选混合	mu = 0	−1.5098	0.1353	−4.1589	(−9.6475, 1.3296)
75	富国天瑞强势混合	mu = 0	−0.7456	0.4583	−1.4117	(−5.1846, 2.3612)
76	中海分红增利混合	mu = 0	−0.2784	0.7815	−0.6847	(−5.5845, 4.2152)
77	华夏红利混合	mu = 0	0.8009	0.4258	2.2209	(−3.3044, 7.7463)

注：*表示在5%的水平下显著小于0；**表示在5%的水平下显著大于2。

附录 10　行业配置能力显著性检验结果 （$k=4$）

序号	基金简称	原假设 H_0	t	P	均值	95% 置信区间
1	华安创新混合	mu $=0$	-0.8587	0.3935	-1.5557	$(-5.1708, 2.0595)$
2	鹏华行业成长混合	mu $=0$	-1.6976	0.0942	-4.9047	$(-10.6701, 0.8606)$
3	富国天源平衡混合	mu $=0$	-0.4851	0.6291	-0.7586	$(-3.8787, 2.3616)$
4	易方达平稳增长混合	mu $=0$	-0.8066	0.4227	-2.0577	$(-7.1481, 3.0328)$
5	融通新蓝筹混合	mu $=0$	0.2983	0.7664	0.9860	$(-5.6092, 7.5813)$
6	长盛成长价值混合	mu $=0$	-0.6423	0.5228	-0.7322	$(-3.0069, 1.5425)$
7	宝盈鸿利收益混合	mu $=0$	-1.8943	0.0624	-8.3727	$(-17.1927, 0.4472)$
8	博时价值增长混合	mu $=0$	0.2025	0.8401	0.5724	$(-5.0668, 6.2116)$
9	嘉实成长收益混合	mu $=0$	-0.8477	0.3996	-2.1559	$(-7.2305, 2.9187)$
10	银华优势企业混合	mu $=0$	-0.1283	0.8983	-0.2559	$(-4.2367, 3.7249)$
11	嘉实增长混合	mu $=0$	0.7268	0.4699	0.6405	$(-1.1182, 2.3993)$
12	嘉实稳健混合	mu $=0$	-1.3294	0.1882	-2.4907	$(-6.2294, 1.248)$
13	华宝兴业宝康配置混合	mu $=0$	-0.7850	0.4352	-1.2750	$(-4.516, 1.9661)$
14	华宝兴业宝康消费品混合	mu $=0$	-1.3806	0.1719	-2.6449	$(-6.4678, 1.178)$
15	银河稳健混合	mu $=0$	-0.8062	0.4229	-1.3766	$(-4.7839, 2.0308)$
16	国联安稳健混合 *	mu $\geqslant 0$	-2.7940	0.0034	-5.7965	$(-\inf, -2.3369)$
17	海富通精选混合 *	mu $\geqslant 0$	-2.3060	0.0121	-2.7052	$(-\inf, -0.7489)$
18	华夏回报混合	mu $=0$	-0.6554	0.5144	-2.5022	$(-10.1200, 5.1156)$

续表

序号	基金简称	原假设 H₀	t	P	均值	95%置信区间
19	融通蓝筹成长混合	mu=0	0.2195	0.8270	0.7388	(-5.9782,7.4558)
20	景顺长城动力平衡混合	mu=0	-1.4501	0.1516	-3.2113	(-7.6301,1.2076)
21	长城久恒平衡混合	mu=0	-0.3261	0.7454	-0.7449	(-5.3032,3.8135)
22	广发聚富*	mu≥0	-2.8127	0.0032	-4.5456	(-inf,-1.8507)
23	海富通收益增长混合	mu=0	0.7366	0.4639	1.2006	(-2.0519,4.4531)
24	华夏经典混合	mu=0	-1.0371	0.3034	-1.4786	(-4.3237,1.3665)
25	大摩基础行业混合	mu=0	-1.1329	0.2612	-1.9036	(-5.2566,1.4493)
26	银河银泰混合	mu=0	-0.7751	0.4409	-1.0616	(-3.7945,1.6713)
27	申万菱信盛利精选混合*	mu=0	0.1374	0.8911	0.2204	(-2.9806,3.4214)
28	国联安小盘精选混合	mu≥0	-2.2700	0.0132	-2.6539	(-inf,-0.7043)
29	国投瑞银景气行业混合	mu=0	-1.3117	0.1940	-2.4009	(-6.0532,1.2515)
30	诺安平衡混合	mu=0	0.1757	0.8610	0.4660	(-4.8249,5.7568)
31	金鹰中小盘精选混合*	mu≥0	-2.2547	0.0137	-3.2400	(-inf,-0.8437)
32	招商先锋混合	mu=0	-0.3133	0.7550	-0.6414	(-4.7273,3.4445)
33	天治财富增长混合	mu=0	-0.7606	0.4495	-2.9517	(-10.6954,4.7919)
34	广发稳健增长混合	mu=0	-1.4647	0.1476	-2.2264	(-5.2597,0.8069)
35	华安宝利配置混合	mu=0	0.3769	0.7074	0.7039	(-3.0232,4.4310)
36	东方龙混合	mu=0	-1.9939	0.0502	-5.9902	(-11.9853,0.0049)
37	国富中国收益混合	mu=0	0.3265	0.7450	0.5318	(-2.7182,3.7818)
38	国泰金鹰增长股票	mu=0	1.2523	0.2147	2.6472	(-1.5709,6.8654)

续表

序号	基金简称	原假设 H$_0$	t	P	均值	95%置信区间
39	景顺长城优选股票*	mu≥0	-2.3713	0.0103	-2.8847	(-inf, -0.8561)
40	景顺长城内需长增长股票	mu=0	0.2886	0.7738	1.0163	(-6.0103, 8.0429)
41	泰达宏利精选长股票	mu=0	0.2863	0.7755	0.8290	(-4.9488, 6.6068)
42	光大保德信量化股票	mu=0	-0.8599	0.3929	-1.5539	(-5.1599, 2.0520)
43	长信银利精选股票	mu=0	-0.0733	0.9418	-0.1126	(-3.1763, 2.9511)
44	宝盈泛沿海增长股票	mu=0	-0.9531	0.3439	-3.8774	(-11.9957, 4.2410)
45	华泰柏瑞盛世中国股票	mu=0	-1.5182	0.1336	-3.4865	(-8.0689, 1.0960)
46	南方稳健成长混合	mu=0	-1.4861	0.1419	-2.2038	(-5.1629, 0.7553)
47	华夏成长混合	mu=0	-0.4044	0.6872	-0.6986	(-4.1458, 2.7486)
48	大成价值增长混合	mu=0	-0.3328	0.7403	-0.5009	(-3.5044, 2.5027)
49	泰达宏利成长股票	mu=0	-1.6043	0.1133	-2.5402	(-5.6998, 0.6194)
50	泰达宏利稳定股票	mu=0	0.5755	0.5669	1.4456	(-3.5671, 6.4584)
51	泰达宏利周期股票	mu=0	-0.9743	0.3333	-1.9290	(-5.8796, 2.0216)
52	招商安泰股票	mu=0	-0.5732	0.5684	-0.9373	(-4.2003, 2.3256)
53	金鹰成份优选混合*	mu≥0	-2.6177	0.0055	-3.5907	(-inf, -1.3033)
54	鹏华普天收益混合	mu=0	0.4489	0.6549	0.9228	(-3.179, 5.0246)
55	国泰金龙行业混合**	mu≤2	0.5975	0.2761	2.6875	(0.7689, Inf)
56	易方达策略成长混合	mu=0	-0.9832	0.3290	-3.3026	(-10.0055, 3.4003)
57	嘉实服务增值行业混合	mu=0	-1.4269	0.1582	-2.3721	(-5.6893, 0.9452)
58	融通行业景气混合	mu=0	-0.7655	0.4466	-2.0323	(-7.3301, 3.2654)

续表

序号	基金简称	原假设 H_0	t	P	均值	95%置信区间
59	华宝兴业多策略股票	mu=0	0.2490	0.8041	0.8461	(-5.9350, 7.6272)
60	鹏华中国50混合	mu=0	-0.2268	0.8212	-0.7309	(-7.1612, 5.6994)
61	长盛动态精选混合	mu≥0	-2.2918	0.0125	-5.5185	(-inf, -1.5032)
62	大成蓝筹稳健混合	mu=0	-0.0861	0.9317	-0.2045	(-4.9457, 4.5367)
63	富国天益价值股票	mu=0	0.5658	0.5734	1.1857	(-2.9958, 5.3673)
64	国泰金马稳健混合	mu=0	1.0530	0.2961	2.6465	(-2.3685, 7.6616)
65	博时精选股票	mu=0	0.5874	0.5589	1.4240	(-3.4137, 6.2616)
66	泰信先行策略混合	mu=0	0.3151	0.7536	0.9148	(-4.8782, 6.7078)
67	华夏大盘精选混合	mu=0	0.3502	0.7273	1.1105	(-5.2169, 7.4378)
68	易方达积极成长混合	mu=0	-0.9350	0.3531	-2.7708	(-8.6840, 3.1424)
69	上投摩根中国优势混合	mu=0	-0.5057	0.6147	-0.8570	(-4.2385, 2.5245)
70	中海优质成长混合	mu=0	-0.1000	0.9207	-0.3400	(-7.1274, 6.4474)
71	大成精选增值混合	mu=0	-1.1103	0.2708	-2.9314	(-8.1999, 2.3372)
72	天治品质优选混合	mu=0	-0.6332	0.5287	-1.9567	(-8.1226, 4.2092)
73	东吴嘉禾优势精选混合	mu=0	1.6291	0.1079	5.1026	(-1.1476, 11.3529)
74	华富竞争力优选混合	mu=0	-1.8772	0.0648	-6.3520	(-13.1043, 0.4003)
75	富国天瑞强势混合	mu=0	-0.8091	0.4213	-1.8391	(-6.3746, 2.6965)
76	中海分红增利混合	mu=0	-0.2319	0.8173	-0.4625	(-4.4434, 3.5183)
77	华夏红利混合	mu=0	0.0118	0.9906	0.0380	(-6.3877, 6.4637)

注：* 表示在5%的水平下显著小于0；** 表示在5%的水平下显著大于2。

图书在版编目（CIP）数据

开放式基金投资能力量化研究 / 刘广著. -- 北京：
社会科学文献出版社，2016.8

（广州大学·青年博士学术文库）

ISBN 978 - 7 - 5097 - 8686 - 4

Ⅰ.①开…　Ⅱ.①刘…　Ⅲ.①基金 - 投资 - 研究
Ⅳ.①F830.59

中国版本图书馆 CIP 数据核字（2016）第 013363 号

广州大学·青年博士学术文库

开放式基金投资能力量化研究

著　　者 / 刘　广

出 版 人 / 谢寿光
项目统筹 / 宋月华　杨春花
责任编辑 / 周志宽　崔红霞

出　　版 / 社会科学文献出版社·人文分社（010）59367215
　　　　　地址：北京市北三环中路甲 29 号院华龙大厦　邮编：100029
　　　　　网址：www.ssap.com.cn
发　　行 / 市场营销中心（010）59367081　59367018
印　　装 / 三河市东方印刷有限公司

规　　格 / 开　本：787mm × 1092mm　1/16
　　　　　印　张：13.75　字　数：177 千字
版　　次 / 2016 年 8 月第 1 版　2016 年 8 月第 1 次印刷
书　　号 / ISBN 978 - 7 - 5097 - 8686 - 4
定　　价 / 79.00 元

本书如有印装质量问题，请与读者服务中心（010 - 59367028）联系